Jeannette Parisot
Dein Kondom, das unbekannte Wesen
Eine Geschichte der Pariser

Jeannette Parisot

Dein Kondom, das unbekannte Wesen

Eine Geschichte der Pariser

buntBuch

Dieses Buch sei gewidmet dem Mann, der am 12. 12. 84 in der taz ein neues Verhütungsmittel beschrieb. Nicht die unklaren Nebenwirkungen, die frau wie üblich am eigenen Leib testen muß, waren ihm wichtig, nein, etwas ganz anderes machte ihm Sorgen: daß das neue Mittel nämlich mehr »denn je die Männer von der Verhütung ausschließen würde«. Und teilte uns auch mit, »daß jede zweite Französin zur Zeit kein Verhütungsmittel benutzt«. Wie es die Franzosen mit der Verhütung halten, verschwieg er uns leider. Aber die Männer, die so sehr darunter leiden, nicht mitverhüten zu dürfen, brauchen sich nicht zu grämen: sie können . . . wenn sie nur wollen . . . Und damit sie das begreifen, sei auch ihnen dieses Buch gewidmet!

Übrigens: Mann geht nicht mehr ohne Pariser!

CIP-Kurztitelaufnahme der Deutschen Bibliothek
Parisot; Jeannette:
Dein Kondom, das unbekannte Wesen
Eine Geschichte der Pariser
1. Aufl. — Hamburg:
Buntbuch Verlag, 1985
ISBN: 3-88653-080-9

Impressum;

Titelgestaltung: Johannes Hartmann
Gesamtherstellung: Fuldaer Verlagsanstalt, Fulda
ISBN 3-88653-080-9
1. Auflage im September 1985

1. Kapitel

Einführung in die Pariserkunde

In diesem Buch werden wir Pariser in allen Größen, Farben und Formen vorführen. Doch das Pariseruniversum ist zu weit, bunt und zu veränderlich, und deshalb können wir nicht alle Typen und Verwendungsmethoden zeigen. Aber wir finden, daß unser Buch auch dann schon seinen Zweck erfüllt hat, wenn es die werten Leser zum eigenen Weiterforschen anregt.

Sogleich taucht vor unserem inneren Auge ein verstörter Leser auf, der sich am Kopf kratzt, mit den Füßen scharrt und verlegen denkt: »Was ist denn wohl ein Pariser?« Und er assoziiert dann sicher den berühmten Präsidenten John F. Kennedy und seine nicht minder berühmte, auf dem Eiffelturm gehaltene Rede, die mit den unsterblichen Worten schloß:

»Ich bin ein Pariser!«

Aber das wäre falsch. Hier ist von ganz anderen Parisern die Rede. Wir lassen zunächst ein Konversationslexikon zu Wort kommen, werden die Frage aber später wieder aufgreifen.

Ein Pariser bzw. ein Kondom ist also »eine Schutzhülle für das männliche Glied beim Geschlechtsakt, nach dem Erfinder benannt (fälschlich auch Cordon*), angeblich aus Fischblase hergestellt, meist jedoch aus der Serosa des Darmes«. *Bekannt ist ja z. B. das Cordon bleu . . .

Hier sehen wir schon, daß es außer »Pariser« noch viele andere Namen für diese nützliche Schutzhülle gibt — der Einfachheit halber aber werden wir in diesem Buch durchgängig die Bezeichnung Pariser verwenden.

Fünf Pariser stellen sich vor

Ein altes chinesisches Sprichwort sagt sehr richtig: »It's not the size, it's how you swing it!« Aber beim Schwingen ist die Verpackung von besonderer Bedeutung — und deswegen kann der Pariserkäufer aus einem großen Angebot den passendsten auswählen. Es gibt teure Pariser, billige Pariser, es gibt grüne Pariser und rosa Pariser, es gibt glatte Pariser und Pariser mit Mustern und Auswüchsen. Es ist für den Mann von Welt unbedingt nötig, daß er sich auf dem Parisermarkt auskennt und zu jeder Gelegenheit den angemessenen auswählen kann. Wie jeder weiß, ist es ein großer Unterschied, ob man in einem Saab Turbo spazierenfährt oder in einem Renault 4. Zeige mir dein Auto, und ich sage dir, wer du bist! Das gilt auch für Pariser. Zeige mir deinen Pariser, und ich sage dir, wer du bist. Pariser machen Leute — das wußte schon Pariserkenner Gottfried Keller.

Wir werden nun einige oft benutzte und gern gesehene Pariser vorstellen.

1. **Black Jack** Ein typisches Kennzeichen dieses Parisers ist seine Farbe: er ist schwarz. Kohlpechrabenschwarz. Dieser Parisertyp ist vor allem in Skandinavien sehr verbreitet. Warum das so ist, ist schwer zu sagen. Aber auf jeden Fall hat Black Jack einen klaren Vorteil: Er läßt den strategischen männlichen Körperteil im Dunkeln unsichtbar werden. Man/frau kann nicht sehen, was in den Black Jack gesteckt wird. Alles wäre möglich: Klein, groß, breit, schmal, flach, rund. Zieht man aber den Gebrauch am Tage vor, so bildet der schwarze Pariser einen hübschen Kontrast zu der milchweißen Haut, die in Mittel- und Nordeuropa so verbreitet ist. Black-Jack-Benutzer sind Männer, die sich ihres Körpers und ihres Aussehens nur zu bewußt sind.

2. **Apple Jack** Apple Jack ist der grüne Bruder des schwarzen Black Jack. Aber er sieht nicht nur hübsch aus, er riecht und schmeckt auch frisch und säuerlich, wie ein eben gepflückter Apfel. Das männliche Glied wirkt plötzlich wie eine verlockende Frucht, die frau pflücken darf.

Männer mit starker persönlicher Beziehung zur

Natur kleiden sich mit Vorliebe in diesen Parisertyp. Er macht sich vor allem gut in freier Natur, im Wald und auf der Heide, in blühenden Wiesen oder unter einem Apfelbaum. Auch dieser Typus ist in Skandinavien verbreiteter als in anderen europäischen Ländern. Das kann mit der Feld-, Wald- und Wiesengeilheit der Skandinavier zusammenhängen. Aber auch in Hamburg ist mann kein Apple-Jack-Feind. Eine Umfrage bei 34 männlichen Wählern der Grün-Alternativen Liste ergab, daß 33,07 von ihnen Apple Jack beim Pariserkauf bevorzugen.

Die Jute-statt-Plastik-Mafia hat sich hier also noch nicht durchgesetzt.

3. Londoner

Daß ein Pariser Londoner heißt, beweist nur die Internationalität unserer kleinen Freunde. Londoner sind in der BRD ganz besonders populär, was sicher mit ihrer Farbe zu tun hat: sie sind weiß, eierschalenfarben, elfenbeingelb, kurzum, tarnfarbig. So kann mann das Gefühl haben, daß niemand den Pariser sieht, und das kommt besonders den puritanischen Gemütern gewisser Protestanten entgegen. Ein schwedischer Pferdezüchter, Harald K., berichtet, daß er während eines Hamburgaufenthaltes sehr große Schwierigkeiten mit dem Kauf von Londonern hatte. Jeden Tag ging er in eine Drogerie, suchte Pariser, traute sich nicht zu fragen, und kaufte statt dessen ein Stück Seife. Jeden Abend überreichte er die Seife seiner Angebeteten, die das aber gar nicht komisch fand. Erst nach vielen Tagen vertraute er seine Notlage zwei Volkskundlern an, und diese klugen Menschen, denen nichts Menschliches fremd ist, zeichneten für ihn einen Stadtplan. Auf dem Stadtplan war eine Selbstbedienungsdrogerie eingezeichnet. Als Zugabe erhielt Harald K. einen Wegweiser durch die Drogerie, mit dem er ohne Schwierigkeiten den Pariserstand finden konnte und eine Familienpackung Londoner. Das Wochenende war gerettet. Wir sehen also, daß Londoner bisweilen schwer zu finden sein können — zum Ausgleich aber treten sie immer in Rudeln auf. Bekannt ist ja auch das Sprichwort: »Ein Londoner kommt selten allein!«

Auch wer nicht puritanisch ist, greift gern zum Londoner. Für viele ist London eine Stadt der Freude und des Vergnügens, und viele verbinden auch Sex mit Freude und Vergnügen. Ist man in London-Stimmung, ist es nur natürlich, auch einen Londoner anzuziehen. Für viele ist es leichter, zu einem Londoner zu greifen als z. B. zu einem Hamburger. Im Grunde aber sind Londoner einfache, geschmack- und geruchlose Pariser, für den simplen, wenig raffinierten Menschen. In Skandinavien sind Londoner kaum bekannt — was zumindest für Norwegen einleuchtet. Dort gilt bekanntlich Sex als Sünde, und man zieht seine besten Freunde nicht in die Sünde hinein. Denn der beste Freund des Norwegers ist nicht sein Hund, sondern der Engländer, vor allem aber der Londoner.

4. Hanseaten Beim Klang dieses noblen Namens denken die meisten wohl eher an runde Kuchen mit rosa Glasur, an den Hamburger Senat, oder an mehr oder weniger stolze Ereignisse in der norddeutschen Vergangenheit. Aber, so seltsam das auch klingen mag, es gibt auch einen gleichnamigen Parisertyp. Allerdings ist es eine seltene Spezies und gilt hauptsächlich als Sammlerobjekt. Aber wir können seine Existenz bestätigen, wir haben ihn selber gesehen. Dies trug sich während einer strapaziösen Autofahrt von Bremen nach Hamburg zu, es war kurz vor Weihnachten 1981. Unser Weg führte uns aus volkskundlichen Gründen durch das Teufelsmoor. Hier wurden die Reisenden von Hunger und Durst überfallen und kehrten in einem kleinen, düsteren und abgelegenen Wirtshaus ein. Als unser männlicher Begleiter die Toilette aufsuchen wollte, entdeckte er dort einen Pariserautomaten, der eine einsame Packung Hanseaten enthielt. Drei Mark brachten ihn in Besitz dieses Kleinodes in parisophilen Kreisen. Welche Verbreitung dieser Parisertyp hat, ist schwer zu sagen, aber wir nehmen an, daß er nur in einem Kerngebiet in Norddeutschland bekannt ist, das sich südlich von Bremen erstreckt. Die Hanseatenkultur folgt dem Lauf der Hamme in nordöstlicher Richtung und umschließt das Teufelsmoor. Hanseatenbenutzer sind volkskundlich interessierte Menschen, die der Moorkultur besonderes Interesse entgegenbringen. Ihr Lieblingsautor ist Diedrich Speckmann, obwohl der weder Pariser noch Hanseaten je erwähnt. Weitere Auskünfte erteilt die Moorleichenabteilung des Historischen Museums Oldenburg.

5. **Die aparten Varianten, die parisischen Pariser**

Die parisischsten aller Pariser werden auf der Reeperbahn und ihren Seitenstraßen feilgeboten. Hier bekommt man fast alles, was das Herz begehrt, und die Auswahl beschränkt sich nicht nur auf Geschmacks- und Geruchsvarianten. Aus Platzmangel müssen wir uns hier auf die Vorstellung von wenigen ausgesuchten Exemplaren beschränken. Wir glauben auch nicht, daß sich unsere Leser so brennend für diese »Karnevalspariser« (wie Anja Meulenbelt sie einmal genannt hat) interessieren. Auch das Aparte läßt sich übertreiben, und dann steht man da mit einem vulgären Produkt, das die meisten um nichts in der Welt benutzen würden. Und Geld dafür bezahlen würden sie erst recht nicht. Die meisten dieser Typen werden in der BRD produziert (schließlich hat der Karneval hier eine jahrtausendealte Tradition), und inzwischen steigt der Export nach Skandinavien (wo der Karneval kaum älter als ein Jahrfünft ist). Karnevalspariser werden von Leuten benutzt, die an ihrer eigenen Identität zweifeln und sich deshalb gern hinter prachtvollen Masken verbergen.

Ein so schmucker Pariser wie folgender, den Ulrike Henschel in einer Erzählung beschreibt, ist aber selbst auf der Reeperbahn nicht leicht aufzutreiben: »Auf dem bilderreichen Pariser war folgendes zu sehen: außer den üblichen Enten, Fröschen und Hirschen, Hühnern und Gummibärchen war diesmal auch ein als Rindfleisch getarntes Känguruh mit von der Partie.«

Diese kurze Auswahl hat nur einige wenige Pariserarten vorstellen können. Wer seinen Lieblingspariser nicht darunter gefunden hat, braucht nicht zu verzweifeln: Wir werden später noch interessante Varianten dieser Grundtypen präsentieren.

2. Kapitel

Die Geschichte der Pariser

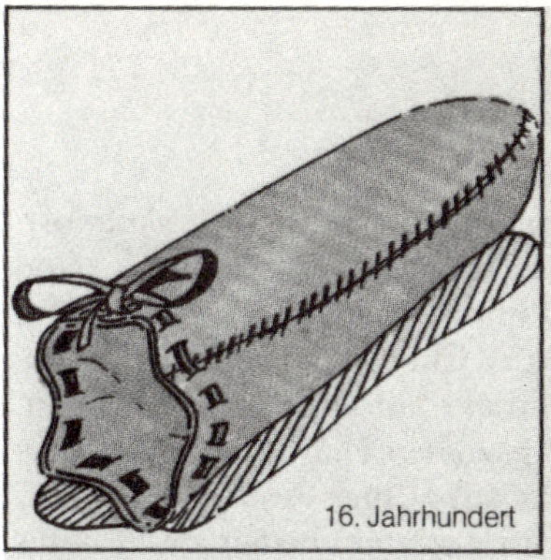

medikamentengetränktes Leinensäckchen

aktueller Hygiene- und Verhutungsschutz, dünner als die menschliche Haut

Die merkwürdige und geheimnisvolle Geschichte der Pariser

Wenn wir uns fragen, »Was wissen wir über die Geschichte der Pariser?«, dann müssen wir antworten wie der große Sherlock Holmes (über dessen Parisergewohnheiten nichts bekannt ist): »Much and little« — viel und wenig.

Daß schon Römer und Griechen Pariser kannten — das wissen wir. Was wir aber nicht wissen, ist z. B.: Woraus waren diese Pariser, wie sahen sie aus, wer stellte sie her, wer benutzte sie? Die großen Pariserforscher der Vergangenheit betonen immer wieder das ehrwürdige Alter der Pariser, und sei es nur mit vagen Worten wie »Das Präservativ ist eine sehr alte Erfindung.«

U. a. wird König Minos von Kreta von den Pariserforschern bemüht. Der, der das Labyrinth bauen ließ, in dem der arme Minotaurus gefangensaß. Wenn Minos Labyrinthe bauen lassen konnte, konnte er auch Pariser erfinden lassen, vermutlich von seinem Hauserfinder, dem berühmten Dädalos. Dieser antike Daniel Düsentrieb erfand ja bekanntlich alles, was gerade gebraucht wurde, und als er nichts mehr erfinden mochte, erfand er flugs Flügel und flog davon.

Doch auch Aristoteles wird als früher Pariserkonsument angeführt, und ebenso ein gewisser Herr Plinius.

Das Beispiel Plinius

Die Pariserfrage, auf Plinius angewandt, führt zur Antwort: Nichts, rein gar nichts. Hilfe bietet auch ein Konversationslexikon hierbei nicht. Dort heißt es z. B. »Plinius, Gaius P. Secundus, röm. Schriftsteller, * Comum 23 od. 24 n. Chr., † 79 beim Vesuvausbruch, lernte als Offizier große Teile des römischen Reiches kennen. P's grammatische, rhetorische, kriegswissenschaftliche, historische und biographische Schriften sind bis auf wenige Reste verloren.«

Können wir daraus auf die Parisergewohnheiten des Plinius schließen? Als weitgereister Offizier wird er wohl immer seinen Pariser in der Toga gehabt haben — war doch immer und zu allen Zeiten Soldaten deren Benutzung erlaubt. Selbst unter den Nazis, wo Verhütung ungern gesehen war und per Himmlerscher Polizeiverordnung der Verkauf von Parisern an öffentlichen Orten verboten wurde, machte man bei den Angehörigen der Wehrmacht eine Ausnahme. Die durften und die mußten, allein schon, um nicht durch unvorsichtige Ansteckung die Kampfkraft der Truppe zu schwächen. Und regte sich gegen die Versorgung von Soldaten mit Parisern mal Kritik, dann nicht aus moralischen Gründen. Als z. B. 1945 norwegische Soldaten nach Deutschland geschickt wurden, gab man ihnen vorsorglich Pariser mit auf den Weg. Daraufhin erhob sich im Volke ein Sturm der Empörung. Aber nicht, weil ein norwegischer Soldat nicht im Ausland herumvögelt, nein, sondern weil ein Norweger niemals so tief sinken würde, sich mit einer Deutschen einzulassen! Also brauchten sie auch keine Pariser. Und die, die doch sanken, hatten ihre Strafe nur verdient.

Solche Überlegungen, so fruchtbar sie auch sein mögen, helfen uns bei Plinius aber nicht weiter. Vermutlich reiste er nicht ungeschützt im römischen Imperium herum. Der Neffe Plinius d. J. (zwischen beiden scheint ein Onkel-Neffe-Verhältnis bestanden zu haben, wie wir es sonst nur aus Entenhausen kennen) hilft uns auch nicht weiter. Mit seinen Briefen, vor allem dem über den Vesuvausbruch, werden zwar heute noch die Lateinschüler/innen geplagt, aber in den Schulausgaben steht über Pariser nichts. Vielleicht können Sätze wie »amici firmi eligendi sunt, cuius generis est magna penuria« (»dauerhafte Freunde muß man suchen, an ihrer Sorte herrscht großer Mangel«) als Klage über die damals schlechte Qualität der Pariser betrachtet werden? Doch leider helfen all diese Hinweise uns nur wenig beim Zusammensetzen des antiken Pariserpuzzles.

Warum waren damals die Pariserforscher so versessen darauf, sich mit griechischen und römischen Pariserbenutzern dickezutun? Wahrscheinlich steckte dahinter eine Art Legitimationszwang. Die grundlegenden Werke der Pariserforschung wurden zu Anfang dieses Jahrhunderts geschrieben, von Ärzten, die gegen gesellschaftliche Vorurteile und gegen Gesetze dafür kämpften, empfängnisverhütende Mittel allgemein zugänglich zu machen. Der Beweis, daß sie sich auf Vorbilder von antiker Größe berufen konnten, mußte sich zu ihren Gunsten auswirken. »Schon Aristoteles, sagen Sie . . . Jaja, die alten Griechen . . . die Wiege der Demokratie, jaja . . . die Philosophie, die Architektur, diese wunderbare Sprache . . . und Homer . . .« Der Abgeordnete gerät ins Schwärmen, und — das Land der Griechen mit der Seele suchend — stimmt für die Gesetzesvorlage, die den Verkauf von Parisern an verantwortungsbewußte Ehepaare erlauben soll.

Nur haben die frühen Pariserforscher nie verraten, was die antiken Größen denn nun eigentlich geschrieben haben. Und auch, wo sie es geschrieben haben, bleibt ihr Geheimnis. Schließlich, wer kann schon genug Latein oder Griechisch, um die Gesamtwerke durchzulesen, in der Hoffnung, auf die entsprechenden Stellen zu stoßen? Und so bleibt das Pariserbrauchtum der Antike in dicken Folianten so sicher verborgen wie des Plinius' Parisersammlung unter der Asche von Pompeji.

Das finstere Mittelalter

Am Ende der goldenen Antike brach das römische Reich zusammen (vielleicht, weil sie einfach nur noch Pariser benutzt und sich gar nicht mehr vermehrt hatten?), und für das Abendland brach das finstere Mittelalter an. Es folgten Kreuzzüge, Pest und Hexenverfolgungen — und letztere sind wohl schuld daran, daß wir über mittelalterliche Pariser gar nichts wissen. Den als »Hexen« beschuldigten Frauen wurde nämlich immer wieder vorgeworfen, Abtreibungen (Todsünde!) vorgenommen und die Empfängnis durch empfängnisverhütende Mittel (tausendmal schlimmer noch als eine bloße Todsünde!) verhindert zu haben. Daß Empfängnisverhütung soviel schlimmer sein soll als Abtreibung, mag seltsam klingen, ist aber im Sinne der christlichen Logik völlig klar. Bei der Abtreibung ist schon eine Seele vorhanden, die dann am Aufbewahrungsort für ungetaufte Seelen in alle Ewigkeit Gott preisen kann. Wird die Empfängnis verhütet, erhält Gott nichts, nicht einmal die allerkleinste ungetaufte Seele. Folglich ist für den großen und berühmten Kirchenlehrer Thomas von Aquin (Sondermarke der Bundespost 1984) eine Frau, die die Empfängnis verhütet, schlimmer als eine Mörderin.

Kein Wunder, daß in diesem Klima kein großer Geist zur Feder griff, um den Parisern ein Loblied zu singen. Jedenfalls nicht im christlichen Abendland, und die Errungenschaften des Morgenlandes sind uns leider noch immer nicht zugänglich.

Das Comeback der Pariser

Während noch munter die sogenannten Hexen ausgerottet wurden (die letzte wurde übrigens erst 1894 verbrannt — in Irland, wo die Pariser bis 1985 verboten waren; in beiden Fällen hat sich der Fortschritt später durchgesetzt als in anderen Ländern), bereiteten die Pariser schon im 16. Jahrhundert ihre Auferstehung vor. Den Männern nämlich, die noch kurz vorher Empfängnisverhütung für schlimmer als Mord gehalten hatten, ging es nun ans eigene Fleisch: Die Syphilis breitete sich aus. Die Ärzte sannen auf Abhilfe.

1564 beschrieb der italienische Arzt Gabriele Fallopio Leinenpariser, die mit Medikamenten und anorganischen Salzen getränkt wurden, wodurch Ansteckung vermieden werden sollte. Es gab zwei Sorten:

1. größere Säckchen, die wie die heute üblichen Pariser über den Penis gezogen werden sollten;

2. kleinere Säckchen, die man unter die Vorhaut schieben sollte.

Von diesen geheimnisvollen Geräten gibt es leider keine Abbildung, und auch mit der wildesten Phantasie können wir uns nicht vorstellen, wie das vor sich gegangen ist.

Fallopio beschrieb auch sonst noch allerlei, z. B. die weibliche

Anatomie, deshalb heißen auf englisch die Eileiter noch heute »Fallopian Tubes«.

Die Fallopischen Leinenpariser setzten sich aber nicht so richtig durch, und das Leinen wurde durch Schafsblinddarm ersetzt. Zäh hält sich die Behauptung, man habe auch Fischblasen verwendet — aber darüber streiten sich die Gelehrten.

Die einen verweisen diese fischige Angelegenheit ins Reich der Phantasie und behaupten, es gebe keinerlei Belege dafür, daß jemals irgendwer eine Fischblase als Pariser benutzt hätte. Die anderen liefern zwar keine konkreten Beweise (z. B. Namen und Adressen von drei Fischblasenparisern), dafür aber konkrete Beschreibungen. Nach ihnen werden die seltenen Stücke nur aus der inneren Haut der Schwimmblasen von Stör, Hausen, Wels oder Sterlet gefertigt. Und das sollten sie sich alles aus den Fingern gesogen haben?

Haben sie nicht! Denn im Deutschen Reich wurde am 11. Oktober 1910 eine »Vorrichtung zum Festhalten von Fischblasenkondoms« patentiert, und zwar durch Patentschrift Nr. 232 797m Klasse 90 d, Gruppe 15 des Kaiserlichen Patentamtes. Erfinder war ein gewisser Willibald Schaarschmidt aus Leipzig. Und warum sollte dieser Dädalus der Neuzeit sich diese Mühe gemacht haben, wenn es gar keine »Fischblasenkondoms« gab? Die Vorrichtung zum Festhalten derselben erschien auch gleich in mehreren Varianten. Die Grundform sah so aus:

»Vorrichtung zum Festhalten von Fischblasenkondoms, dadurch gekennzeichnet, daß dieselbe zur Verhinderung des Einschiebens der Fischblasen bei ihrem Gebrauch und zur Herstellung einer Handhabe aus einem am unteren Ende lösbar angeordneten starren Randstück besteht, das von zwei den Kondomrand rings zwischen sich einklemmenden, ineinanderschiebbaren Ringen gebildet ist.«

Das war also das einfache Modell — für anspruchsvollere Gemüter gibt es noch folgende Luxusausführungen:

1. Zum Festhalten des einschiebbaren inneren Ringes dienten federnde und feste Widerlager des äußeren Ringes.
2. Einer der beiden Ringe war starr, der andere federnd.
3. Der äußere Ring war Träger eines Weichgummiüberzuges.
4. Die Ringe waren ineinanderschiebbar und durch Drehung nach Art eines Bajonettverschlusses sicherbar.

Ohne Zweifel stellt Variante 4 die Krönung in der möglichen Entwicklung von Vorrichtungen zum Festhalten von Fischblasenparisern dar. Die Fische, die in den guten alten Zeiten die Fischblasenkondoms lieferten (denn ohne sie nutzte auch die schönste Festhaltevorrichtung nichts!), sind übrigens im ganzen deutschen Lande ausgestorben — andere Fische, deren Blasen sich nicht zu Parisern verarbeiten lassen, leben noch, Forellen und Karpfen beispielsweise — wem gäbe das nicht zu denken?

Willibald Schaarschmidt war übrigens nicht der einzige geniale Erfinder des ausgehenden Kaiserreiches. Ihm gleich zur Seite stand Eduard Nitardy aus Berlin, der am 30. Januar 1912 eine »Vorrichtung zur künstlichen Erektion des Penis« patentieren ließ. Sie bestand aus »einem über das Glied zu schiebenden Hohlkörper, dadurch gekennzeichnet, daß der zweckmäßig mit einem Suspensorium verbundene zylinderartige Hohlkörper eine elastische Doppelwandung benutzt, deren Innenraum mittels eines mit Verschlußvorrichtung versehenen Luftzuführungsschlauches derart aufblasbar ist, daß die innere Wandung mit entsprechendem Druck das Glied umschließt.« Ganz offenbar war der einzige Sinn dieser Erfindung, noch mehr Männern die Benutzung von Willibald Schaarschmidts hervorragender Festhaltevorrichtung zu ermöglichen — womit wir nach diesem kleinen Exkurs wieder bei unserem eigentlichen Thema angelangt sind.

Die frühen Pariser hatten den Vorteil, daß sie sich mehrmals verwenden ließen, aber den Nachteil, daß sie sich nicht dehnten. Nur die wenigsten Männer werden das Geld (und die Courage!) dafür gehabt haben, sich einen Pariser nach Maß anfertigen zu lassen — und teuer waren auch die Pariser von der Stange. Daraus ergibt sich, daß ihre Verbreitung sich sehr in Grenzen hielt.

Ein Spinnweb gegen die Gefahr

Einem Dr. Condom, Conton, Controm oder so ähnlich, der vermutlich nie gelebt hat (deswegen weiß auch niemand, wie sein Name richtig geschrieben wird), wird normalerweise die Erfindung der Pariser aus Schafsdarm zugeschrieben. C., so die Legende, war Arzt des britischen Königs Charles II. (1649—85), der wie alle Stuarts sehr vergnügungssüchtig war und dabei viele illegitime Sprößlinge zeugte. Daraufhin soll Dr. C. die Pariser erfunden haben, auf daß der britische Thron nicht durch Erbstreitigkeiten der diversen Nachkommen ins Wanken gebracht werde. Aber überzeugend ist das nicht. Schließlich waren die streitsüchtigen Nachkommen ja schon da. Und es gab so klare Gesetze für die Regelung der Erbfolge, daß nicht einmal der noch viel unternehmungslustigere König Heinrich

VIII. sie zu umgehen vermochte. Und er, der immerhin den Amateurrekord im legitimen Gattinnenmord hielt, hat das wirklich mit allen Mitteln versucht.

Andere Autoritäten behaupten, Dr. C. habe erst um die Mitte des 19. Jahrhunderts gelebt, und bezweifeln, daß er überhaupt etwas erfunden hätte. Warum aber dann die Kondome nach ihm benannt worden sein sollen, verraten sie uns nicht. Aus Frankreich berichtet die Legende von einem englischen »Dr. Condom«, der seinen französischen Kollegen Dr. Cullerier in die Geheimnisse der Kondome eingeweiht habe. Dieser Dr. C., spontan angetörnt, habe sich stehenden Fußes (bzw. in gestrecktem Galopp und unter vollen Segeln) nach Frankreich zurückbegeben, um seinen Landsleuten die segensreiche Neuerung zu bringen. Zum Dank wurde ihm auf dem Pariser (!) Friedhof Père Lachaise ein Denkmal gesetzt, worauf geschrieben stand: »Son nom rappelle ses vertues« (»Sein Name erinnert an seine Tugenden«). Doch wie es oft geht: Der Name ist vergessen, die Erfindung lebt weiter. Schließlich sind die großen Erfinder/innen immer namenlos gewesen: Jede/r kennt den Erfinder des Mercedes-Benz, aber wer den Erfinder oder die Erfinderin des Rades?

Das Wort »Kondom« ist übrigens erst 1717 erstmals belegt, also lange nach Charles II., und stammt vermutlich aus dem Lateinischen, von »Condus« = »Behälter«.

Doch selbst in einem scheinbar so abgegrasten Bereich wie der Etymologie sind immer noch Neuentdeckungen möglich. Und so wurde im Mai 1985 eine neue Herleitung für das Wort »Kondom« bekannt. Weder der geheimnisvolle Arzt Dr. Conton noch das lateinische Wort condus scheinen Pate gestanden zu haben, nein, ein viel Höherer hatte seinen Namen im Spiel, der liebe Gott höchstpersönlich. Der neuen und sehr einleuchtenden Etymologie zufolge ist die Bezeichnung »Kondom« oder »condom« abgeleitet vom lateinischen »cum domine«, also, mit dem Herrn, bzw. mit Gott. Aus dieser Wortschöpfung spricht lobenswertes frommes Gottvertrauen angesichts noch unzureichender Parisertechnologie. Die Entstehung des Wortes ist damit auf eine Zeit zu datieren, in der Pariser bereits häufig verwendet wurden, in der die Antipariserfront sich aber noch nicht zu Wort gemeldet und ihre Benutzung als »gotteslästerlich« gebrandmarkt hatte, vermutlich also aufs 16./17. Jahrhundert.

Das neue Wundermittel war aber gar nicht so neu, und so richtig wunderbar scheint es auch nicht gewesen zu sein. 1671 schrieb Madame de Sévigné resignierend an ihre Tochter, der Pariser sei »ein Bollwerk gegen das Vergnügen, aber ein Spinnweb gegen die Gefahr«. Und doch benutzte sogar der berühmte Casanova Pariser — und auch er tat es, um Ansteckungen vorzubeugen.

Langsam setzte sich zwar die Erkenntnis durch, daß sich mit Parisern nicht nur die Syphilis verhüten ließ, aber die Angst vor Infektionen stand weiterhin im Vordergrund. Diese Wurschtigkeit in Sachen Empfängnisverhütung bringt noch 1906 ein deutscher Arzt zum Ausdruck: »Für die Frau soll diese Methode« (= Pariser) »jedoch nicht ohne Nachteil sein, da sie den Zutritt des Spermas zum Muttermunde unmöglich macht.«

Ja, eben!

Um 1750 gab es bereits professionelle Pariserhändler, vor allem aber Händlerinnen. In London monopolisierten zwei Damen, Ms. Perkins und Ms. Phillips, fast den ganzen Handel. Ms. Phillips bezeichnete ihren Kundenkreis als »Botschafter, Apotheker, Ausländer, Gentlemen und Kapitäne« und behauptete, in 35 Jahren hätte sie nicht eine Beschwerde über die von ihr gelieferte Ware gehört.

Ob der Lexikograph Boswell auch bei ihr eingekauft hat, wissen wir nicht. Am 10. Mai 1763 aber schrieb er in seinem »London Journal«, daß er eine muntere Maid aufgelesen habe, mit ihr zur London Bridge gewandelt sei und die beiden dort der Liebe gepflogen haben — er »in voller Rüstung«.

Die Antipariserfront sammelt sich

Doch Thomas von Aquins mahnende Worte waren noch nicht vergessen im Christlichen Abendland. Solange Pariser nur zur Vermeidung von Infektionen dienen sollten, waren sie zugelassen, und niemand fand etwas dabei. Denn man konnte ja nicht zulassen, daß die Stützen der Gesellschaft an Syphilis darniederlägen, oder? Daß Pariser aufgrund ihres Preises nur den oberen Zehntausend zugänglich waren, wissen wir bereits. Und die erlaubten sich denn auch allerlei Schnickschnack mit ihren Parisern.

1952 wurde im Keller eines alten englischen Herrensitzes ein verschlossener Kasten gefunden, und darin lagen altehrwürdige Pariser, die von der Pariserforschung auf »um 1800« datiert wurden. Es gab sie in Packungen zu je acht Stück; sie maßen etwa 190 mm (Länge), 60 mm (Durchmesser) und 0,038 mm (Wanddicke). Heutige Pariser haben übrigens eine Wanddicke von 0,05 mm. An ihrem offenen Ende waren diese Pariser mit Seide gefüttert!

Doch obwohl sie ohnehin nur der Oberklasse zugänglich waren, wurden sie schon im 18. Jahrhundert als »unchristlich« und »unsittlich« diffamiert. Während Boswell mit seiner Bekannten die London Bridge besuchte, rotteten sich die Feinde bereits zusammen, um ihm sein Vergnügen zu vermiesen. Dabei sind die Pro- und Contra-Gruppen klassenspezifisch nicht klar einzuordnen.

Da waren einerseits die sittlich Entrüsteten, die empfängnisverhütende Mittel aus christlichen Erwägungen ablehnten. Schließlich steht ja in der Bibel, daß wir wachsen und uns mehren sollen, oder etwa nicht? Eine andere Gruppe wird oft mit den Bibelfans in einen Topf geworfen, die Heuchler nämlich, wie jener Herr einer war, der 1734 schrieb:

»Aufklärung und empfängnisverhütende Mittel zu veröffentlichen, hat einen so üblen Geruch von Libertinage und Freidenkertum, daß es in einem christlichen Lande nicht erlaubt sein dürfte.«

Im Klartext: Die Sache an sich ist nicht so schlimm, solange nicht darüber geredet wird. Wer ohnehin Bescheid weiß, darf getrost weiterverhüten. Und wer weiß Bescheid? Die Oberklasse.

Diese Haltung hielt sich übrigens sehr zäh: Mary MacCarthy läßt z. B. in ihrem berühmten Buch »Die Clique« ihre Heldinnen 1933 über Empfängnisverhütung philosophieren und zu dem Schluß kommen: Empfängnisverhütende Mittel dürften wirklich nur für verantwortungsbewußte Bürger erlaubt sein, nicht aber für Arbeiter und anderen Pöbel.

Die Arbeiter selber waren zunächst anderer Ansicht — vor allem die Arbeiterinnen. In England und Frankreich (in Deutschland oder Skandinavien geschah immer alles etwas später und ist schlechter belegt) wurden zu Beginn des 19. Jahrhunderts Pamphlete über Geburtenkontrolle von wandernden Kolporteuren vertrieben. Eine Kommission, die die Verbreitung »unzüchtigen Schrifttums« erforschen sollte, berichtete, daß 1834/35 in Manchester 600 Exemplare von drei Büchern, die über Empfängnisverhütung informierten, gekauft worden wären — und sicher wurden diese Informationen von Frau zu Frau mündlich weitergegeben. Wieviel die Kolporteure verkauften, wissen wir nicht. Andererseits war es in Manchester sicher leichter, sich Pariser zu beschaffen als auf den Dörfern oder in Kleinstädten — und ob die Kolporteure auch Pariser kolportierten, verschweigen alle Quellen.

Aber der Verkauf wird sich schon dadurch in Grenzen gehalten haben, daß Pariser noch immer nicht billig waren.

Die Antipariserfront wächst und gedeiht

1798 veröffentlichte ein junger aufstrebender Volkswirt mit Namen Thomas Robert Malthus ein Buch mit dem Titel »An Essay on the Principle of Population«. Darin führte er Armut und Not auf das schnelle Anwachsen der Bevölkerung zurück. Die Menschheit vermehre sich schneller, als der Bodenertrag gesteigert werden könne. Das war seine grundlegende These. Abhilfe schaffen konnten, so Malthus, entweder Kriege oder Seuchen oder vorbeugende Maßnahmen wie Spätheirat, Enthaltsamkeit und eben Empfängnisverhütung. Damit war der junge Malthus ein gemachter Mann, und das Establishment berief ihn zum Dank als Professor an die Universität von Haileybury. Seine Lehre wurde bis ins 20. Jahrhundert hinein leidenschaftlich diskutiert. Vom heutigen Standpunkt aus gesehen hatte er zwar nicht ganz unrecht — aber er schrieb ja noch mehr als bloße Warnungen vor Überbevölkerung. Nach seiner Lehre war es die natürliche Ordnung der Dinge, daß die Armen arm waren und die Reichen reich. Es war eben nicht genug für alle da. Bei weiterem Bevölkerungswachstum aber würden die Armen nach und nach alles an sich reißen, trotzdem weiter arm bleiben, aber die Reichen würden auch immer ärmer werden. Letzteres war natürlich eine ganz besonders entsetzliche Vorstellung! Also sollten die Armen gefälligst aufhören, sich zu vermehren wie die Karnickel.

Beim Bürgertum fielen Malthus' Theorien auf fruchtbaren Boden — und auch einige Arbeiter ließen sich überzeugen. So begann z. B. der radikale Schneider Francis Place unter Malthus' Einfluß, Flugblätter über empfängnisverhütende Mittel zu verteilen (sie hatten den putzigen Namen »Diabolical Handbills«). Place war auch einer der ersten, die versuchten, mit angeblich medizinischen Begründungen das menschliche Sexualverhalten zu reglementieren. Wer wann wie und wie oft vögeln sollte, wurde verbindlich festgelegt. Zuwiderhandlung wurde mit schrecklichen Strafen für Leib und Seele belegt. Frauen, die bis 26 »enthaltsam«, was wohl soviel wie »ohne Penetration« bedeutete, lebten, drohte er z. B. mit daraus resultierenden Gebärmutterkrankheiten. Übrigens schlug sich der in feministischen Kreisen nicht ganz unbekannte John Stuart Mill auf Places Seite und wurde mit ihm zusammen beim Verteilen der diabolischen Handzettel verhaftet.

Das zeigte die ganze Schizophrenie der Pariserdebatte jener Zeit: Die Arbeiter sollten überredet werden, sich nicht zu vermehren —

das wurde offiziell gutgeheißen. Versuche, das in die Wege zu leiten, wurden bestraft.

Die meisten Arbeiterführer aber waren energische Anti-Malthusianer. Ihnen erschien — zu Recht! — seine Lehre als Versuch der Herrschenden, sich vor ihrer Verantwortung zu drücken, Reformen zu verhindern und ihre Herrschaft zu festigen. Im Bürgertum wiederum gab es Stimmen, die sich aus genau diesen Gründen gegen Malthus richteten. Wenn die Arbeiter aufhörten, sich zu vermehren und nicht mehr damit beschäftigt wären, mit ihren großen Familien nicht zu verhungern, könnten sie schließlich ihre Energie zu Aufruhr und Umsturz nützen. Und das erschien vielen allemal schlimmer als Malthus' schreckliche Zukunftsvision, die sie ja nicht direkt betraf. Die Arbeiter ihrerseits verbaten sich jegliche Einmischung in ihre Fortpflanzungsgewohnheiten. Der Slogan »Ob Kinder oder keine, bestimmen wir alleine« war also damals schon aktuell — nur wurde er hauptsächlich von Männern vertreten.

So finden wir zu Anfang des 19. Jahrhunderts seltsame Meinungsgenossen. Einerseits die bourgeoisen Bevölkerungslehrer, einige Arbeiterführer, wenige Radikale und die frühen Feministinnen: Klar pro Pariser. Andererseits Christen, Heuchler, der Großteil der (männlichen) Arbeiterbewegung und einige um ihren Besitz besorgte Bürger: Anti-Pariser. Wer sollte da noch durchsteigen?

Doch das Gute siegt!

Während die Pariserdebatte tobte, machten Ausbeutung und Nutzbarmachung der Kolonien große Fortschritte, der Kautschukhandel mit Südamerika wuchs — und 1844 erfand ein Herr Goodyear (unsterblich gemacht durch eine bekannte Autoreifenreklame!) das Verfahren des Vulkanisierens. Von nun an war es möglich, Gummipariser herzustellen, die zwei große Vorzüge hatten:

1. Sie waren dehnbar.
2. Sie waren billiger als Darmpariser.

Trotzdem waren sie noch teuer genug und gerade für die, die sie vielleicht am dringendsten gebraucht hätten, unerschwinglich: »Für uns sind sogar die Mittel zu teuer. Aber wir machen's eben auf unsere Art«, wie ein thüringischer Fabrikarbeiter sagte. Und so sollte es noch viele Jahre dauern, bis die neuen Gummipariser zur wirklichen Volksbekleidung geworden waren.

Die ersten Gummipariser hatten noch eine längslaufende Naht, die das Vergnügen stark beeinträchtigt haben muß. Sie wurden in zwei Grundtypen hergestellt:

Da war zunächst der gewöhnliche Feld-, Wald- und Wiesenpariser, wie wir ihn heute noch kennen und schätzen. Er hat leider keinen eigenen Namen und gilt heute als der Pariser schlechthin. Ein adeliger Arzt beschrieb ihn zu Anfang des Jahrhunderts auf sehr poetische Weise:

»Die Condome bilden einen zarten membranösen Schlauch, der

den Dimensionen des erigierten Penis entspricht, am vorderen Ende geschlossen ist und am hinteren Ende zumeist eine Vorrichtung zur Befestigung besitzt (Bändchen).«

Wie phantasielos sind doch im Vergleich dazu die heutigen Pariser! Vorne geschlossen sind sie zwar (da möchten wir auch sehr drum bitten!), aber die Vorrichtung zur Befestigung fehlt ganz einfach. Nie können wir zu Karneval statt einer Pappnase einen Pariser auf die Nase binden, was für unsere Großmütter ja offenbar kein Problem war.

Derselbe Arzt soll hier noch weiter zu Wort kommen, wenn er auch völlig unbegreifliche Worte spricht:

»Die aus Kautschuk angefertigten Condome sind zusammengerollt, werden während der Applikation aufgerollt, und dient der hintere Rand gleichzeitig zur Befestigung, demnach zur Verhinderung und Verschiebung derselben.« Das verstehe, wer will!

In England wurden übrigens nach alter Tradition Gummipariser weiterhin in drei Größen hergestellt, in den USA nur in einer.

Der zweite Grundtyp war das sogenannte Eichelkondom, das, wie der Name schon sagt, nur die Eichel bedeckte. Für unsereine, die nie einen Eichelpariser geschaut hat, ist unbegreiflich, wie sie funktioniert haben können. Doch der Erfinder der Eichelpariser beschreibt sein Werk sehr einleuchtend:

»Mit Wasser gefüllt, hat das Condom entweder die Gestalt eines Eies, von dem eine kleine Kalotte abgeschnitten ist, oder es entspricht mehr der Form der Eichel. An der offenen Seite ist die Membran eingezogen und verdickt sich mäßig zu einem Schließringe. Beim Gebrauch umspannt der Schließring den Eichelhals so eng, daß das Condom während des Aktes nicht abgleiten kann, der Ring vielmehr an der Corona glandis den erforderlichen Halt findet.«

Eigentlich überzeugend, oder? Und nach dieser lehrreichen Darstellung kommt der Erfinder zu dem kühnen Schluß: ». . . ist das Eichelcondom allen übrigen bisher bekannten antikonzeptionellen Mitteln unbedingt vorzuziehen.«

Aber warum ist es dann so völlig in Vergessenheit geraten, daß es bereits um 1940 als »Kuriosität für das Museum« gelten konnte? Dafür sprachen zwei gewichtige Gründe. Zum einen bot es nicht genug Schutz vor Ansteckung. Zum anderen ließ es sich nicht so anonym anfertigen und kaufen wie die anderen Pariser. Ein Eichelpariser mußte genau angepaßt werden, um weder abrutschen zu können noch den Penis einzuschnüren. Vor dem Kauf eines Eichelparisers hätte mann sich also beim Arzt vermessen lassen müssen, um die richtige Größe zu erfahren, und beim Kauf hätte mann dann nach dieser Größe verlangen müssen . . . Und daß die Männer eine solche Prozedur auf sich nehmen und sich vermessen lassen würden — welch vermessener Gedanke!

So ist der Eichelpariser ausgestorben, noch ehe er richtig gelebt hatte, dahingerafft in der Blüte seiner Jugend, sozusagen.

Doch kaum hatte der Gummipariser seinen Siegeszug angetreten, da entwickelten die über ihn schreibenden Ärzte ein ästhetisches Empfinden, das ihren Kollegen in früheren Jahrhunderten völlig fremd gewesen war:

»Man denke sich die jedesmalige Entfernung des Condoms nach der liebevollen feurigen Umarmung. Wieviel Reiz, wieviel Poesie wird dann in den Staub getreten? Und doch ist der Nimbus der Hauch der Poesie, des Geheimnisvollen gerade im Ehebett von der allergrößten Bedeutung, weniger für den Akt der Umarmung als vielmehr für das beiderseitige Zusammenleben!«

Es fällt uns schwer, darauf eine Erwiderung zu finden. Müssen wir aber auch nicht. Denn Ästhetik, Längsnähten und Eichelparisern zum Trotz hat niemand Geringeres als George Bernard Shaw den Gummipariser als »größte Erfindung des 19. Jahrhunderts« gepriesen.

Der Pariser und seine Gegner — friedliche Koexistenz

Auch nach Erfindung des Gummiparisers hörten die Gemüter nicht auf, sich zu erhitzen. Das konnte der Pariserverbreitung aber keinen Schaden tun, sie wurden verkauft und immer beliebter. Trotzdem, die alten Fraktionen blieben bestehen. Die Malthusianer z. B. gaben inzwischen selber Bücher heraus (eines 1887 unter dem schamhaften Titel »The wife's handbook«, was übrigens die sicheren Tage falsch angibt); Feministinnen wollten zwar mit den Malthusianern nicht in einen Topf geworfen werden, agitierten aber für das sexuelle Selbstbestimmungsrecht der Frauen. Die besorgten Bürger fürchteten andererseits den Verfall von Sitte und Moral, wenn alle freien Zugang zu Verhütungsmitteln hätten.

Was die einen durften, durften allerdings die anderen noch lange nicht: eine englische Frauenrechtlerin veröffentlichte ein Buch über Empfängnisverhütung, das wesentlich billiger war als die Bücher der Malthusianer, und deswegen viel von Arbeiterinnen gekauft wurde. Sie handelte sich damit einen Prozeß ein. Wegen »Verbreitung unzüchtigen Schrifttums«. Aber im Endeffekt konnte ihr das Gesetz nicht viel anhaben: solange die Bücher der Malthusianer verkauft werden durften, mußte auch Annie Besants Buch zugelassen sein. Für Besant hatte die Sache trotzdem schlimme Folgen: kurz darauf wurde ihr die Vormundschaft für ihr Kind abgesprochen, da ihr Treiben sie angeblich unfähig machte, ein Kind sittlich einwandfrei zu erziehen.

Dieses Beispiel zeigt, daß die Heuchler noch immer munter mitmischten. Solange nur aus Malthusscher Angst vor der Bevölkerungsexplosion Geburtenkontrolle propagiert wurde, war das erlaubt. Aber sobald jemand offen zugab, daß es auch um die Freude an der Sexualität ging, war der Teufel los.

Auch die Ärzte wollten weiter mithalten — und nicht nur Freaks wie der Erfinder der Eichelpariser. Empfängnisverhütende Mittel wurden plötzlich als gesundheitsschädlich angeprangert. Das sind sie zwar auch — abgesehen von den Parisern —, aber die Ärzte wollten ganz andere Gesundheitsschädigungen als die uns heute bekannten herausgefunden haben. Pariser galten nun als ebenso gefährlich wie Onanie. Frauen wurden davon steril, nymphoman und mußten überdies noch mit galoppierender Schwindsucht rechnen. Männer riskierten Gedächtnisverlust, Herzanfälle und Schwachsinn. Und beide Geschlechter mußten auf Wahnvorstellungen und Selbstmordgelüste gefaßt sein. Ob jemals kalte Duschen als bestes Mittel gegen Pariser empfohlen worden sind, ist uns nicht bekannt.

Doch diese schaurigen Voraussagen konnten den Parisern nicht ernsthaft schaden. Ja, nicht einmal Marx und Engels konnten ihnen etwas anhaben! Denn auch diese beiden Herren wollten einen Beitrag zur Debatte leisten. Sie sahen das Ganze natürlich als Anti-Malthusianer (»dieser hassenswerte Malthus« pflegten sie ihn zu nennen). Engels gab zwar zu, daß auch eine kommunistische Gesellschaft sich eines Tages gezwungen sehen könnte, Maßnahmen zur Verhinderung von Überbevölkerung zu ergreifen, aber darüber würde dann das Volk selber entscheiden. Deswegen lehnte er auch aufklärerische Schriften seiner frauenbewegten Genossinnen ab. Er scheint, wenn überhaupt, der Enthaltsamkeit den Vorzug vor der Verhütung gegeben zu haben — nur, um ja in gar keinem Punkt mit der Liga dieses hassenswerten Malthus übereinstimmen zu müssen.

Und die Juristen?

Im allgemeinen beschränkten sie sich darauf, Aufklärungsschriften zu beschlagnahmen und ihre Verfasser/innen vor Gericht zu zerren. Auch hier hatten die Heuchler ihre Hand im Spiel: Gesetze gegen empfängnisverhütende Mittel waren dem 20. Jahrhundert vorbehalten. Das 19. Jahrhundert wollte lediglich sicherstellen, daß über diese Mittel in der Öffentlichkeit nicht geredet wurde. Dadurch wurde zwar die Information über empfängnisverhütende Mittel behindert, wer aber von ihrer Existenz wußte, konnte sie sich auch beschaffen.

Eine Ausnahme bildeten die USA. Dort wurden 1873 per Gesetz empfängnisverhütende Mittel verboten. Das Gesetz wurde aber nie konsequent angewendet. Pariser waren übrigens davon nicht betroffen. In kühnem Handstreich wurden sie als »Infektionsverhinderer« ausgegeben, galten als Medizin und wurden der Bundesverwaltung für Lebensmittel und Drogen unterstellt. Und fast hundert Jahre lang durften Pariser in den USA nur mit einem Beipackzettel verkauft werden, auf dem die mahnenden Worte standen: »For disease prevention only«.

Und als das 19. Jahrhundert zu Ende ging, waren sich die Anhänger von Marx und Malthus noch immer spinnefeind — der Pariser aber saß auf seinem Thron, und die Menschheit freute sich seines Lebens.

Das zwanzigste Jahrhundert

Eine der frühesten großen Revolutionen des 20. Jahrhunderts — weniger berühmt, aber keineswegs weniger bedeutend als die Oktoberrevolution! — wurde ungerechterweise fast nie wie jene besungen oder in epochemachenden Filmen gefeiert. Wir haben zwar einen befreundeten Dichter um ein Preislied auf diese Revolution gebeten, aber bis zur Drucklegung des Buches hatte er noch keine Zeile verfaßt. Die Revolution, von der hier die Rede ist, spielte sich an der Pariserfront ab. Um die Jahrhundertwende war die Zeit reif: Es wurde möglich, Pariser ohne störende Längsnaht herzustellen. Um das zu erreichen, wurden Glasformen in Rohgummilösung getaucht. Dieselbe Methode ermöglichte nun auch die Herstellung von Parisern mit Reservoir an der Spitze. Kurzum: Der uns bekannte und vertraute Pariser ist so alt wie unser Jahrhundert. Der nächste revolutionäre Fortschritt geschah in den 30er Jahren: Die sogenannte Latexmethode wurde entwickelt. Bei beiden Revolutionen sind übrigens die Namen der Revolutionär/innen unbekannt — die neue Methode aber hat einen Namen, der uns nur so auf der Zunge zergeht. La — tex! Latex ist der Expertenname für »Gummimilch«, also für den Pflanzensaft der Kautschukbäume. Bis dahin hatte man diese Gummimilch zuerst zu Kautschuk verarbeiten müssen und den Kautschuk dann wiederum zu Parisern. Jetzt konnte man aus Latex sofort Pariser machen, sparte also mehrere Arbeitsgänge. Im Konversationslexikon, das beim Thema Pariser höchst zimperlich ist, versteckt sich diese bahnbrechende Entwicklung verschämt hinter Sätzen wie »Für Gewebeimprägnierungen wird L. vulkanisiert.« Tja, und wer wollte das bestreiten?

Die Vorteile der Latexmethode müßten auch den letzten Zweifler überzeugen: Die so entstandenen Pariser sind viel länger haltbar als die alten. Waren es vorher nur drei Monate, so sind es mit dieser Methode zwei bis fünf Jahre. Die Experten sind sich da nicht so ganz einig: Es fehlt an Testpersonen, die genügend Willensstärke haben, um ihre Pariser jahrelang unangetastet zu lassen.

Vielleicht könnte jener irische Herr diese wichtige Frage klären, der Ende der 70er Jahre mit einer Wagenladung von 40 000 Parisern in die Hände der Zöllner der Republik Irland fiel? Dort hatte sich nämlich eine verzwickte Gesetzeslage ergeben:

Eigentlich waren alle Verhütungsmittel verboten, durften aber auf Rezept ausgegeben werden. Ein Arzt brauchte ein solches Rezept nur auszuschreiben, wenn sein Gewissen ihm das erlaubte. Der Apotheker wiederum brauchte das Rezept nur einzulösen, wenn sein christkatholisches Gewissen nichts dawider hatte. Vor allem in kleinen Orten konnte also die Beschaffung eines Parisers ganz einfach unmöglich sein. In Ermangelung von Pariserautomaten bildeten sich deshalb Bürgerinitiativen, die über Empfängnisverhütung informierten und Pariser verteilten. Und die Pariser brachten sie aus dem Ausland mit. Denn: Während noch 1975 in allen irischen Häfen drohende Schilder vor der Einfuhr von Verhütungsmitteln gewarnt hatten, so war sie nun gestattet — aber nur zum privaten Verbrauch. Und als dann besagter Herr mit seinen 40 000 Parisern erwischt wurde, schwor er hoch und heilig, sie seien alle für seinen Privatverbrauch bestimmt. Nun, auch die irische Polizei hat anderes zu tun, als den Verbleib von 40 000 Parisern zu kontrollieren, und so ließ man ihn laufen. Doch alle Zeitungen veranstalteten Rechnereien: Wieviel Pariser muß man, bei einer maximalen Lebensdauer von fünf Jahren, pro Tag verbrauchen, um alle 40 000 vor dem Verfallsdatum benutzt zu haben?

(Übrigens teilte uns Herr Pádraig O'Carra, ein hervorragender Kenner der irischen Literatur und Pariserkultur mit, daß James Joyce sein allen Gymnasiast/inn/en sattsam bekanntes Buch eigentlich »Pariser« habe nennen wollen. Aus Furcht vor der strengen irischen Zensur wählte er dann aber doch den unverfänglichen Namen »Dubliner«.)

Den Erwerb von 40 000 Parisern ermöglicht einem armen Iren ein weiterer Vorteil der Latexmethode: Mit ihrer Hilfe lassen sich Pariser jetzt auf einer automatischen Tauchanlage herstellen. Dabei enthält das Fließband Tausende von Glasformen in 35 cm Länge und 35 mm Durchmesser. Zuerst werden diese Glasformen in flüssiges Latex getaucht, müssen dann durch einen Trockner, dann wieder ins flüssige Latex usw. Das wiederholt sich so lange, bis ein Film von 0,05 mm

Dicke entstanden ist. Danach wird das offene Ende durch Bürsten aufgerollt, wodurch der Abschlußring entsteht. Danach geht's in heiße Luftkammern zur Vulkanisierung. Abschließend werden die frischen Pariser mit Stärkepuder bestäubt und von den Glasformen abgestreift.

Mit der Automatisierung konnte die Produktion vervielfacht, der Preis herabgesetzt werden. Und die neuen Pariser waren viel dünner und dehnbarer als die alten, nahmen weniger Platz weg, und auch das ist beim Transport von größeren Vorräten ein ungeheurer Vorteil.

Im Grunde stehen wir hiermit vor dem Modell, das heute als »Normalpariser« betrachtet wird. Es gilt als so normal und natürlich, daß die Erwähnung älterer Modelle (wie z. B. Eichel- oder Fischblasenpariser) selbst von routinierten Pariserbenutzern schlichtweg nur als Scherz aufgefaßt wird. Natürlich wird, ausgehend von der Grundform, immer weiter am Pariser herumentwickelt. Er wird ständig dünner, bekommt eine spermizide (also samentötende) Gleitbeschichtung und sogar Hörner und andere Auswüchse (was uns aber, nachdem wir Pariser mit Seidenfutter und Bändchen kennengelernt haben, nicht mehr beeindrucken kann). Auch auf einem anderen Pariserkerngebiet werden immer wieder Fortschritte gemacht: auf dem der Sicherheit.

Pariser und Sicherheit

Noch um 1930 klagten Pariserforscher darüber, daß 50—60% der hergestellten Pariser fehlerhaft seien. Nun ist solche Aussage natürlich immer problematisch: Wer hätte je einen Mann gesehen, der — den zerrissenen Pariser in der Hand — in der Fabrik oder Drogerie erschienen wäre und sein Geld zurückverlangt hätte? Irgendwie eine schwierige Vorstellung: daß man den Pariser direkt nach Gebrauch und Unfall beim Hersteller abliefert. Lieber wüsche man ihn vorher aus, aber dann wird der Fabrikant alles anzweifeln und behaupten, das Malheur wäre zweifellos beim Waschen geschehen. Beim Gebrauch doch nicht. »Nimmermehr! Ein Pariser aus meinem Hause und reißen? Eher geht ein Kamel durch ein Nadelöhr!«

Das stimmt übrigens. Natürlich protzen alle Hersteller mit der Haltbarkeit ihrer Produkte und bewerfen uns mit Zahlen, Prozenten und komplizierten Rechnungen, bis wir ganz wirr im Kopf sind. Bei Vergleich des vorhandenen Zahlenmaterials aber ergibt sich ein anschauliches Bild:

Die heutigen Pariser sind weitaus besser als ihr Ruf! Zwar haben auch wir schon ein geplatztes Exemplar schauen müssen — es war hellrot und wurde in einer Apotheke auf der Pilestredet in Oslo gekauft — und legen keinen Wert auf die Wiederholung dieses Erlebnisses, aber solche Erlebnisse sind selten. Die Chance, sich eines Tages Aug in Aug mit einem schadhaften Pariser zu befinden, ist größer als die, sechs Richtige im Lotto zu haben. Einerseits. Die Chance, einem defekten Pariser zu begegnen, ist geringer als die, daß ein Atomkraftwerk hochgeht. Andererseits.

Augen auf beim Pariserkauf!

Um ganz sicher zu gehen, sollten nur Pariser, die das Gütesiegel der Deutschen Latex-Forschungs- und Entwicklungsgesellschaft e. V. (kurz: dlf) tragen, gekauft werden. Diese Pariser sind einzeln elektronisch geprüft worden und werden sowohl vom Hersteller als auch von unabhängiger Seite untersucht. Die unabhängige Seite ist die Staatliche Materialprüfungsanstalt Darmstadt — ein Name, der einfach Vertrauen einflößen muß!

Wie man einen Pariser kaputtkriegt

Die heutigen Pariser sind zweifellos wesentlich sicherer als ihre Urgroßväter — aber unsere Urgroßväter haben nichts unversucht gelassen, um die Zuverlässigkeit ihrer Pariser zu ruinieren. Die hohe Versagerquote der 30er Jahre kam nicht dadurch ans Licht, daß mann damals mit weniger Hemmungen schadhafte Pariser in der Öffentlichkeit herumgeschwenkt hätte. Elektronisch geprüft wurde auch nicht. Wenn also Mängelexemplare weder in der Fabrik noch im Feld (wie die Volkskundler sagen, also beim Benutzen) ermittelt werden, muß der interessierte Forscher eine andere Methode finden. Und so unterwarfen emsige Doktoren die armen Pariser unglaublichen Strapazen und Torturen und empfahlen den Pariserbenutzern, ein Gleiches zu tun.

Eine beliebte Methode war z. B. das Aufblasen. Wie einen Luftballon, ein noch heute bekannter Zeitvertreib. Dann sollte der aufgeblasene Pariser gegen erleuchtetes Milchglas gehalten, abgetastet und scharf beobachtet werden. Besser noch war es aber, ihn mit Tabaksrauch zu füllen und den Rauch an die verschiedenen Stellen zu pressen. Auch mit Wasser läßt sich so ein Pariser füllen — bei all diesen Verfahren gibt es das Problem, daß man des Guten zuviel tun und den Pariser damit zum Bersten bringen kann. Die Menge Luft, Tabaksrauch oder Wasser aber, die diesen Test ermöglicht, wird von klugen Büchern übereinstimmend als »ein Kubikfuß« angegeben, nicht mehr und nicht weniger.

Bei diesen Prüfmethoden gingen also um 1930 50% der untersuchten Pariser kaputt. Das spricht für die bereits damals hohe Qualität der überprüften Ware. Heutige Forscher vertreten die Ansicht, daß durch die beschriebenen Torturen mehr Pariser ihr Leben haben lassen müssen, als die schlampigste Produktion je verhunzen könnte.

Ein weiterer Grund für das häufige Versagen der frühen Pariser lag wohl in der unsachgemäßen Benutzung. So hält ein Arzt es für notwendig, seinen Lesern die folgenden mahnenden Worte mit auf den Weg ins Ehebett zu geben:

»Ein Fehlschlag kann auch dann eintreten, wenn das Präservativ nicht übergezogen wird, bevor das Eindringen stattfindet.«

Dem dürfte nichts hinzuzufügen sein! Oder doch? Lassen wir Titanic, das endgültige Satiremagazin, zu Wort kommen:

»Ist der Gummi wirklich sicher?« will Petra, 19, wissen.

»Kommt drauf an, was Sie damit vorhaben. Einen guten Gummi erkennt man an drei Merkmalen: Er muß dehnbar sein, nach dem Dehnen wieder zurückflutschen und darf sich im Wasser nicht auflösen.«

An dieser Stelle sei ein für allemal festgestellt, daß alle Pariser mit dem dlf-Gütesiegel diesen hohen Anforderungen voll und ganz genügen.

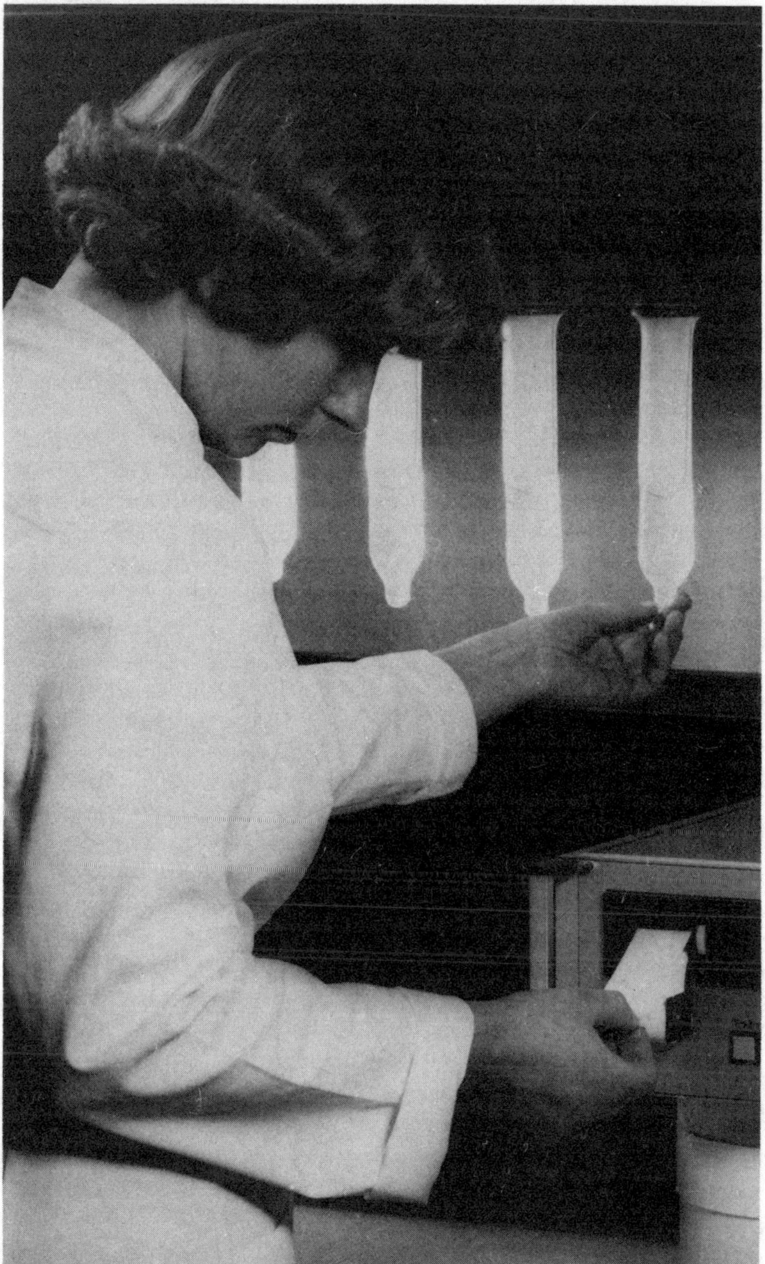

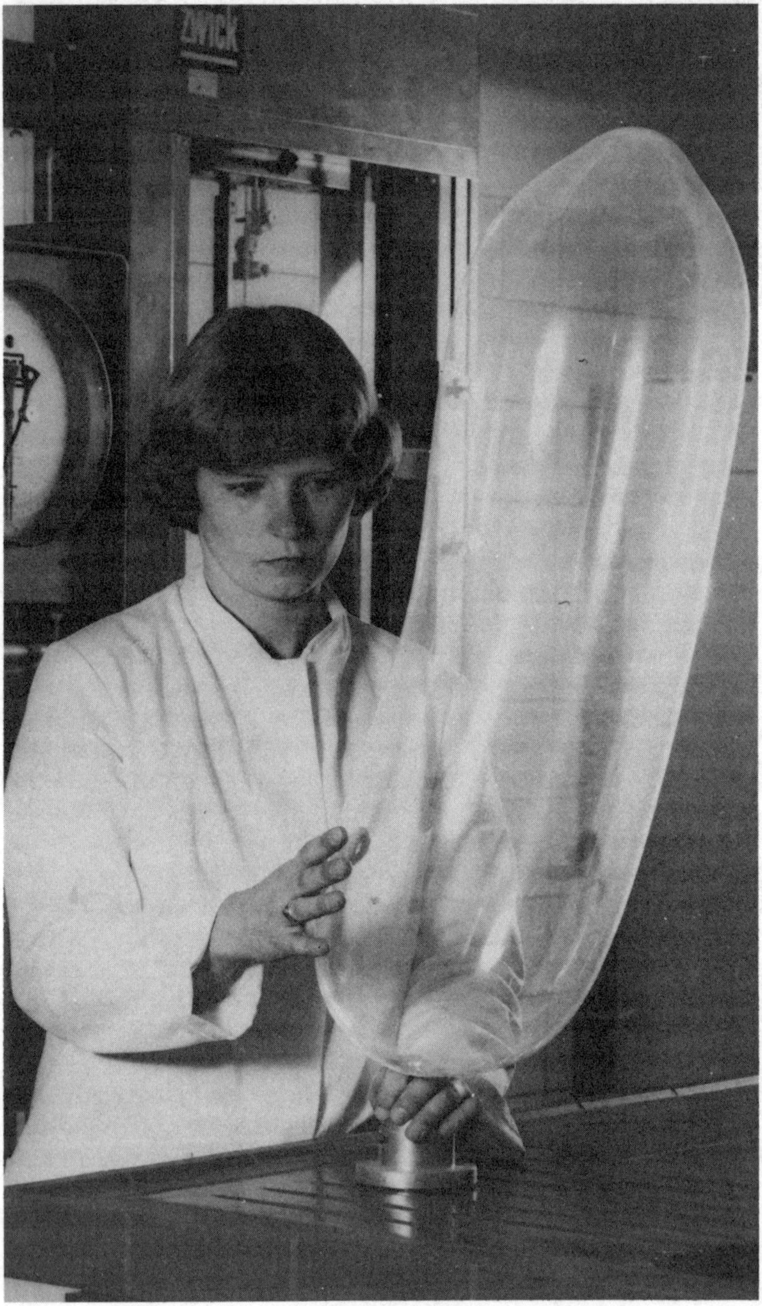
ZWICK

Und die Gegner? Schwiegen sie?

Ach nein, sie schwiegen nicht, aber — abgesehen von Extremfällen wie Irland — hat ihnen das nicht viel geholfen. Und auch das Beispiel Irland zeigt die Sonderstellung der Pariser. Als einziges Verhütungsmittel sind sie leicht zu handhaben, nicht gesundheitsschädlich, leicht zu transportieren und zu verstecken (jedenfalls bei Anzahlen, die unter 40 000 liegen. 40 000 ist übrigens gar nicht so viel, wenn wir bedenken, daß eine durchschnittliche Fabrik bis zu 72 Millionen Pariser pro Jahr erzeugt). Dazu kommt die unschätzbare Tatsache des Infektionsschutzes, die kein anderes Verhütungsmittel bietet. Die Antipariserfront scheint dies auch schon zu Beginn des zwanzigsten Jahrhunderts größtenteils eingesehen zu haben. Immer mehr übernahmen die Heuchler das Wort. Kaum jemand echauffierte sich noch über die Existenz von Parisern — doch offen darüber geredet werden durfte nach wie vor nicht. Nach dem ersten Weltkrieg (in etwas fortschrittlichen Ländern auch schon vorher) wurden die ersten Beratungsstellen eröffnet, damals wie heute unter blumigen Pseudonymen, die das öffentliche Schamgefühl nicht verletzen sollten. Eigentlich waren die alten Namen wie »Mütterhygiene« noch deutlicher als die heutigen wie »Pro Familia«. Solche Beratungsstellen gab es aber nur in den großen Städten. Wer in der Provinz wohnte, konnte seine Pariser per Post kommen lassen. Pariserfirmen annoncierten nämlich vor 1933 ganz munter und boten »Gummiwaren« feil. Auch wenn es eigentlich verboten war. 1922 ließ Justizminister Radbruch (SPD) Werbung für und Verkauf von Verhütungsmitteln verbieten. Aber dieses Verbot wurde nicht streng genug durchgeführt, um den Siegeszug der Pariser aufzuhalten. Übrigens hielt auch Karl Liebknecht Empfängnisverhütung für verwerflich und unsittlich. Wir wollen ihm aber vergeben, wissen wir doch, daß »dieser hassenswerte Malthus« an dieser bedauerlichen Fehleinschätzung schuld war.

Doch, Liebknecht zum Trotz, waren große Teile der Arbeiterbewegung inzwischen in ihrem Urteil über Verhütungsmittel wankend geworden. Nicht, daß man sich inzwischen voll und ganz zu den Ansichten dieses hassenswerten Malthus bekehrt hatte; daß aber Geburtenkontrolle durchaus ihre Vorteile haben könnte, war vor allem den Arbeiterinnen klar. Und deswegen unterstützte gerade die Arbeiterbewegung die Einrichtung von Beratungsstellen. Malthus' ehemalige Parteigänger, das Bürgertum, vergaßen nun gerne seine düsteren Prophezeihungen und hoben den moralischen Zeigefinger.

Natürlich hatte es immer Sünder gegeben, so sprach ein besorgter norwegischer Patriot anläßlich der Einrichtung eines Büros für Mütterhygiene, aber nun nannten sie ihr schändliches Treiben nicht mehr Sünde. Jetzt hieß es »neue Moral«, und der schlimmste Vorwurf an diese neue Moral war: »Die neue Moral verhehlt nicht, daß sie den Menschen helfen will, frohgemut zu sündigen.« Und wer will schon frohgemute Sünder? Jedenfalls wurde unterstellt, daß niemand sie wollte. Zwar wurde inzwischen zugegeben, daß die Sorge um die Gesundheit der Gattin eine Begrenzung der Geburten erfordern könnte, aber Enthaltsamkeit sei das einzige, einem Ehrenmanne angemessene Mittel hierzu. Immerhin ist aber bereits dieses Zugeständnis aus christlichem Munde eine Art Anzeichen für eine Klimamilderung.

Trotz der Klimamilderung kam es aber immer wieder zu Angriffen auf die Aufklärer, die ihrerseits die Notwendigkeit der Empfängnisverhütung energisch verteidigten. Die Angriffe hatten nur noch selten einigermaßen einsichtige Begründungen — dieser Luxus scheint dem 19. Jahrhundert vorbehalten gewesen zu sein. Unklare Drohungen, wie Sittenverfall, Niedergang von Ehe und Familie, behaupteten jetzt das Feld. Dahinter standen, vornehm umschrieben, Vorstellungen wie: Wenn alle ohne Angst vor den Folgen vögeln dürfen, kommen sie am Ende auf den Geschmack, schlagen über die Stränge, die Familie bricht zusammen, damit Staat und Gesellschaft. Wir wissen ja nun alle, daß jede Neuerung, vom Frauenstimmrecht bis zum Farbfernsehen, sofort Zweifler auf den Plan ruft, die den Niedergang von Ehe, Familie und Staat verheißen. Und keinem dieser Leute scheint der Gedanke zu kommen, daß ein Staat, der nur am seidenen (?) Befestigungsbändchen eines Parisers hängt, vielleicht gar nicht so erhaltenswert sein kann. Die Verteidiger der Neuerung behaupten das genaue Gegenteil, und die armen Pariser werden zu den einzig getreuen Kämpen für Familie und Vaterland ausgerufen. War zu Anfang des Jahrhunderts immerhin noch zugegeben worden, daß gewisse Leute an der »feurigen, liebevollen Umarmung« Vergnügen empfinden konnten, so war um 1930 für solche Frivolitäten, die wohl der Dekadenz des Fin de Siècle entsprungen waren, keine Zeit mehr. Zunächst wurde einfach unterstellt, daß die meisten ihre Kinderzahl beschränken wollten — vor dem Hintergrund von Weltwirtschaftskrise und millionenfacher Arbeitslosigkeit wohl kein allzu kühner Schluß.

Für den Fall, daß das bloße Totschweigen nicht ausreichen könnte, wurde geradezu geleugnet, daß Sexualität zu etwas anderem dienen könnte als zum Kindermachen:

»Jede Frau hat das Recht, die guten konzeptionsverhütenden Mittel anzuwenden. Diese dienen lediglich dazu, die notwendige Beschränkung der Kinderzahl den Umständen entsprechend zu gewährleisten.«

Auch ein hieb- und stichfester Grund für die Notwendigkeit der Beschränkung wurde mitgeliefert: »Nur eine geringe Zahl Kinder kann so erzogen werden, daß diese nützliche Mitglieder der Gesellschaft werden.«

Der selige Professor Malthus würde auf seiner Wolke sicher jubiliert haben, wenn er solche Sätze hätte lesen können. Geburtenkontrolle wird zur patriotischen Pflicht erhoben: »Eltern, die ihren Kindersegen eindämmen und nur 2—3, höchstens aber 4 Kinder in die Welt setzen, sie gut ernähren, ihnen eine gute Erziehung angedeihen lassen, sie gut kleiden, ihnen kleine Lebensfreuden bereiten können usw., handeln klug und vaterländisch, denn sie belasten weder den Staat noch sonst jemand.« Spätestens hier sehen wir, daß es diesen, fast ausschließlich männlichen, Aufklärern trotz aller schönen Worte nicht auf das Wohl der Frauen ankam.

Es mußte um jeden Preis verhütet werden, ungeachtet individueller Wünsche und Vorlieben.

Die Pariserfront versuchte nun nicht mehr, die potentiellen Pariserbenutzer mit Lustgewinn zu ködern, man griff zu stärkerem Tobak und begann zuerst, den allzeit und überall beliebten Coitus Interruptus madig zu machen und statt dessen den Coitus Condomatus (Medizinersprache!) anzupreisen.

Zum Beispiel so: Wenn beim Interruptus »der Penis vor der Samenausstoßung retrahiert wird, so ist einmal die frühere Dauer der peripheren Reize herabgesetzt, und außerdem treten, mutmaßlich vermöge des den Coitus unterbrechenden Willensimpulses, die Hemmungsnerven der Erektion zur Unzeit in Thätigkeit. Die Innervation der ejaculierenden Muskelgruppe ist intensiv und extensiv herabgesetzt und dementsprechend auch die Leistung derselben. Beim normalen Coitus ergießt sich der Inhalt der Samenbläschen während der ganzen Dauer der Samenausstoßung in die Pars membranacea (hinterer Teil der Harnröhre), hier aber wird dieser Vorgang gestört, und die Samenbläschen, vielleicht auch die Vasa deferentia (abführenden Samenleiter) werden nicht mehr genügend entleert.« Sind diese Tatsachen auf sich gestellt schon entsetzlich genug, so vervielfacht sich das Leid, wenn wir die Spätfolgen betrachten. Diese bestehen nämlich zunächst aus nervösen Irritationen, zunächst des Rückenmarkes (!), dann des ganzen Mannes, schließlich tritt unweigerlich Impotenz auf.

Selbst wenn wir kein Wort der ganzen Ausführung verstanden haben, so wissen wir doch nun, daß wir den Interruptus scheuen müssen wie der Teufel das Weihwasser, und sei es nur aus Sorge um das spätere Wohlergehen unserer Liebhaber. Und das pariserlose Treiben gefährdet nicht nur die Nerven der Männer, auch die Gesundheit der Frauen kriegt ihr Teil ab. Und dabei sind es doch die Frauen, »die in der Schwangerschaft die größeren Opfer bringen müssen«, wie ein anderes Aufklärungswerk aus jener Zeit treffend sagt. »Während die Männer in steigendem Maße die Mühen und Leiden, die Frauen in diesem Zusammenhang ertragen, berücksichtigen, ist es leider noch immer wahr, daß es alles in allem noch zu viele rücksichtslose Männer gibt, die ihre eigenen selbstsüchtigen Wünsche an erster Stelle setzen. Der Rausch ist noch immer ein Problem im Eheleben. Und Trunkenheit und Rücksichtslosigkeit zusammen bilden eine besonders üble Kombination. Natürlich, wenn ein Mann ›besinnungslos betrunken‹ ist, liegt ihm nichts an einem Coitus; er will schlafen. Die Gefahr ist dann am größten, wenn ein Mann gerade so viel getrunken hat, um seine Hemmungen zu betäuben. Dann ist er bereit, ›es‹ darauf ankommen zu lassen.«

Ob er dann aber bereit ist, einen Pariser überzustülpen? Aber wir wollten ja dem taz-Autor Glauben schenken, der den Ausschluß der Männer aus der Verhütungsfrage beklagt, und deren ehrenwerte Absichten nicht anzweifeln.

Nachdem so klar und deutlich gesagt worden ist, warum Pariser nottun (man möge sich auch an Caesars berühmten Wahlspruch erinnern, den er sprach, als er gerade mal wieder kam, sah und siegte: Habere Parisum necessare est!), gehen die Aufklärer der Zwischenkriegszeit zu dem über, wovor sich die Konversationslexika immer drücken. Sie beschreiben nämlich genau, wie mann einen Pariser anlegt: »Es wird auf den Penis gezogen, indem man es mit den Fingern der rechten Hand abrollt. (Ist der Betreffende ein Linkshänder, so verläuft es natürlich umgekehrt.)« Wir können uns in seitenlange Ausführungen über das Pariseranziehen vertiefen — aber damit ist es ja nicht getan, irgendwann muß der Pariser ja auch wieder herunter, bei Rechts- wie auch bei Linkshändern. Das schaffen die meisten ja wohl sogar ohne besondere Anweisungen. Aber dann? Aber dann?

Dann bieten sich dem Mann von Welt zwei Möglichkeiten: Entweder er steht auf und wirft den Pariser ins Klo, oder aus dem Fenster oder sonstwohin. Oder er bleibt liegen, wickelt das Corpus delicti in ein Taschentuch oder legt es in eine Schale voll Wasser. Sollte er später dann doch irgendwann einmal aufstehen, so mag er seinen

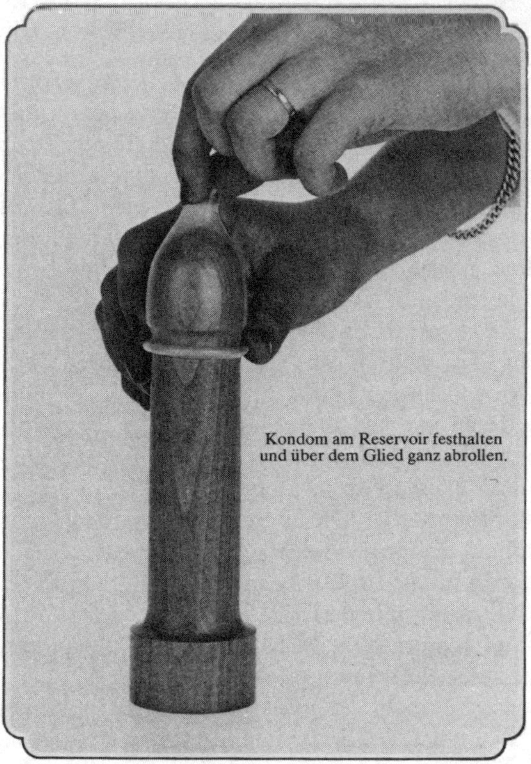

Kondom am Reservoir festhalten und über dem Glied ganz abrollen.

Pariser waschen, möglichst mit einer milden Seife, ihn sorgfältig und von beiden Seiten abtrocknen und einpudern. Sorgfältig aufbewahrt (vor Licht geschützt und trocken), kann ein Pariser von guter Qualität 6—10mal benutzt werden. Die beste Aufbewahrungsmethode jedoch besteht darin, je einen Pariser in einer »halb mit Wasser gefüllten Flasche« aufzuheben, »wobei das Präservativ leicht abgerollt ist und mit seiner Spitze vom Kork gehalten wird, der leicht auf die Flasche aufgesetzt wird«. Wie lahm und öde sind doch dagegen die Anweisungen, die heutige Pariserhersteller ihren Packungen beilegen!

Einen gutgemeinten Versuch, diese langatmigen Beschreibungen vergangener Zeiten zu parodieren, machten in den 70er Jahren norwegische Feministinnen, die leider anonym geblieben sind. Doch dieser Versuch, so hübsch das Ergebnis auch anmuten mag, muß als fehlgeschlagen bezeichnet werden, wenn wir seine gutgemeinte Seichtigkeit mit dem sittlich-naiven hohlen Pathos der Vorbilder vergleichen.

Feministische Pariserkunde

»Vom Frauenstandpunkt aus gesehen ist ein Pariser ein affengeiles Verhütungsmittel. Er überläßt die Verhütung dem Mann und verhindert direkte Berührung mit dem nicht immer sauberen und frischgewaschenen Schwanz. Denn nicht alle Männer sind Männer von Welt, die ihren Schwanz jeden Tag waschen. Den Stoßseufzer der norwegischen Liedermacherin Kari Svendsen können wir ja so gut verstehen: ›Wenn ich mich je verheiraten sollte, dann mit einem Mann, der leicht sauberzuhalten ist.‹

Pariser gibt es nur in einer Größe, aber die paßt allen. Beim Benutzen eines Parisers muß sehr viel bedacht werden. Warte, bis der Penis steif geworden ist. Erst dann ziehst du das Kondom hervor. Aber denk daran, es muß übergezogen werden, bevor du den Penis in die Möse steckst. (Da drinnen ist es nämlich so eng, daß es danach sehr schwierig wäre.) Gib an der Pariserspitze soviel Raum, daß Platz für die Spermien ist. Die Spermamenge ist von Mann zu Mann unterschiedlich, du mußt sie also vorher ausmessen. Schieb die Vorhaut beiseite (wußtest du übrigens schon, daß ein Penis ein Skinhead im Rollkragenpullover ist?). Setz das Kondom so auf, daß es den Peniskopf eng umschließt. Mach das mit der ganzen Hand, es dürfen sich keine Luftblasen bilden. Du darfst mit deinen spitzen Nägeln den Pariser nicht verletzen; das sicherste ist, sie vorher abzuknabbern. Wenn das Kondom nicht fest genug sitzt, geht es leichter kaputt. Ist der Penis zu klein für das Kondom, solltest du es vor Gebrauch ausstopfen.

Du mußt dir darüber im klaren sein, daß Penisse dazu neigen, nach dem Orgasmus klein, schlaff und müde zu werden. Und dann ist der Pariser zu groß. Du darfst dann mit Pariser und Inhalt nicht mehr in Berührung kommen. Halt ihn gut fest, wenn der Mann seinen eingeschrumpften Penis herauszieht, sonst liegt er nachher nur herum. Der Mann?

Wenn das Kondom entzweigegangen ist, steh schnell auf und presse mit aller Kraft die Samenzellen heraus.

Es gibt zwei verschiedene Kondomtypen:

A. Kondom mit Reservoir. Das Reservoir nimmt die Spermien sauber und ordentlich in Empfang. Aber laß dich nicht hereinlegen. Der Übergang zwischen Reservoir und Hauptteil erhöht die Reißgefahr. Außerdem bietet ein normales Kondom zumeist mehr als genug Platz für die Spermien des Durchschnittsmannes.

B. Kondome mit Creme auf der Außenseite — auch ›lubrizierende‹ Kondome genannt.

Ist die Möse trocken wie Sandpapier, empfehlen sich diese Kondome (sofern du ganz sicher bist, daß du überhaupt mit ihm schlafen willst). Dieser Typ gleitet aber nicht nur leichter hinein — er gleitet auch leichter hinaus, nach getaner Tat. Halt ihn also gut fest. Du kannst deine Möse auch auf andere Weise anfeuchten, aber nicht mit Vaseline, das ist schädlich für das Gummi.

(Du mußt auch sicher sein, daß du nicht allergisch gegen Gummi bist. Sonst mußt du ein anderes Verhütungsmittel nehmen.)

Kondome kannst du in deiner nächsten Umgebung kaufen: in der Apotheke, im Supermarkt, aus Automaten. Wenn du am Arsch der Welt wohnst, kannst du sie dir in diskretem Umschlag schicken lassen (z. B. Reklamematerial von der Firma Per Vers GmbH). In einer Packung sind normalerweise drei bis zwölf Stück. Wenn du sie nicht so häufig brauchst, solltest du zusammen mit einer Freundin einkaufen. Kondome halten sich nämlich nur zwei Jahre. Du darfst sie nicht in der Hosentasche aufbewahren — darin ist es nämlich wärmer, als es die Pariser mögen. Die Brieftasche ist auch kein geeignetes Pariserdepot.

Ganz schön viel, was frau sich da merken muß — du solltest dir wirklich überlegen, ob du nicht reumütig zum Diaphragma zurückkehrst!«

Nein, das tun wir nicht! In Treue fest stehen wir zu unseren kleinen Freunden aus der Gummimilch des Kautschukbaumes.

Pariser und Paragraphen

Und nicht nur wir. Im Laufe des 20. Jahrhunderts hat sich der Pariser immer mehr ausgebreitet. Selbst in Staaten, die eigentlich Verhütungsmittel nicht erlauben, wurde und wird dem Pariser immer noch eine Überlebensmöglichkeit gelassen (wie wir am Beispiel Nazideutschland gesehen haben). Grund dafür ist zweifellos seine infektionsverhindernde Wirkung. Im Sinne einer Malthusschen Bevölkerungsmanipulation läßt er sich nicht mißbrauchen, dazu ist er zu sehr von der Mitarbeit der Benutzer abhängig. Und das spricht doch eigentlich für ihn?

Mit Aufkommen der Antibabypille ging weltweit der Pariserkonsum etwas zurück, aber seit ihre üblen Nebenwirkungen bekannt geworden sind, ist er wieder voll da. Die Tendenz zum Zweitpariser läßt sich nicht mehr übersehen. In der BRD benutzen heute 20% aller Paare Pariser (30% Pille, 7% Spirale, für Diaphragma lagen keine Zahlen vor). In Schweden liegt die Zahl der Pariserbenutzer aber bereits bei 30%, was sicher damit zu tun hat, daß dort Übergrößen für die Übergroßen hergestellt werden. Außerdem ist es in Schweden nicht mehr so leicht, Patientinnen die gesundheitsschädliche Pille aufzuschwatzen wie hierzulande. Oh, glückliches Schweden!

Juristisch aber hat sich im Prinzip nichts geändert, wenn wir von Ländern wie Irland absehen, die alle Verhütung erst einmal verbieten, sie in Ausnahmen aber wieder zulassen oder sogar verordnen. Empfängnisverhütung ist »an sich nicht strafbar, jedoch können die dazu gebrauchten Mittel unter die zum unzüchtigen Gebrauch bestimmten Gegenstände fallen; sie dürfen dann weder öffentlich ausgestellt noch dem Publikum angekündigt oder gepriesen werden.« So spricht Herr Paragraph 184, Ziffer 3, Strafgesetzbuch dieses unseres Landes.

Und so oder ähnlich sprechen die Herren Paragraphen schon lange und haben so manchem wackeren Aufklärer das Leben schwer gemacht und ihm gleichzeitig die Möglichkeit geboten, sich der Öffentlichkeit als unbefleckter Moralapostel zu präsentieren. Das wäre nicht möglich? O doch, und zwar so: »Leider ist es nicht angebracht, über die wirklich guten Mittel hier zu berichten, weil sonst der Sittenlosigkeit Tür und Tor geöffnet werden würde. Junge Frauen und Mädchen würden im Besitz des guten Mittels sich von allen Gefahren befreit wissen, und die bisherigen Hemmungen, die ja immerhin einen großen Einfluß auf das Tun und Lassen mancher Frauen ausüben könnten, vollends fallen.«

Diese entsetzliche Vorstellung schildert ein Spätmalthusianer in den zwanziger Jahren. Der gute Mann klärte in Hamburg auf und behauptete, ein wirklich gutes, sicheres und unschädliches Verhütungsmittel zu kennen. Doch veröffentlichen konnte er es nicht, einmal aus den zitierten Gründen, schließlich: »Wir können nicht wünschen, daß die Jugend mit Hilfe von guten, die Angst bannenden Mitteln die Möglichkeit des Sichauslebens findet. Außerdem muß ich des guten Zweckes halber, dem dieses Buch dienen soll, eine behördliche Beschlagnahme unterbinden.« Und noch einmal beteuert er: »Ich kenne diese Mittel, kann sie aber hier nicht veröffentlichen.«

Und sehr viel anders ist es heute auch nicht, wenn auch weitere Paragraphen den »unzüchtigen Gebrauch« nicht mehr so eng definieren wie in den zwanziger Jahren. Im Klartext bedeutet das alles: Verhüten dürfen wir nach Herzenslust, aber wir sollten lieber nicht darüber sprechen (und noch immer wird hierzulande Kino- oder Fernsehwerbung für Verhütungsmittel nicht geduldet). Trotzdem aber ist unsere Narrenfreiheit heute großzügiger bemessen als vor hundert Jahren, und wir dürfen getrost eine Weile den Pariser preisen, bevor man uns den Schnabel verbietet.

Aber der eingangs erwähnte Paragraph, der seit der Kaiserzeit den Pariserverkehr regelt, hat auch in jüngster Zeit überraschende Wandlungen durchgemacht. Im Jahre 1959 nämlich beschloß die Bundesrepublik Deutschland, den Automatenverkauf zu untersagen. Natürlich nicht einfach so, schließlich waren Juristen am Werk, und die speisen ihr Publikum nicht mit einem lapidaren Verbot ab. Einer der Drahtzieher der damaligen Pariserdebatte war ein gewisser Familienminister Würmeling, unsterblich gemacht durch ein nach ihm benanntes Papier, das im Volksmund unter der Bezeichnung »Karnickelschein« bekannt wurde. Dieser Liebhaber kinderreicher Familien und seine Genossen von der Antipariserfront wollten jeglichen Automatenverkauf verbieten, konnten sich damit aber nicht durchsetzen. Der uns bekannte §? durfte weiterleben, bekam aber Gesellschaft in Form des § 41 a der Gewerbeordnung (GewO): »Mittel oder Gegenstände, die zur Verhütung der Empfängnis oder zur Verhütung von Geschlechtskrankheiten dienen, dürfen in Warenautomaten an öffentlichen Plätzen, Wegen und Straßen nicht feilgeboten werden.«

Die »Öffentlichkeit« und das »Feilbieten« retteten den Pariserverkauf. »Feilbieten« bedeutet, eine Ware sichtbar aussstellen, und eine Toilette ist keine Öffentlichkeit. Und so wurden die Pariserautomaten in dunkle Hinterhöfe und auf Toiletten verbannt. Auf Herrentoiletten, denn nach Ansicht vieler Pariserverkäufer sind Pariserverkauf und -benutzung Männersache. Noch heute ist das so, und deshalb stellen sie immer noch Schaubilder der weiblichen Genitalien her, auf denen die Klitoris fehlt... Doch zurück zum dunklen Hinterhof. »Feilgeboten« werden dürfen Pariser auch dort nicht. Wohl aber »feilgehalten«, das bedeutet: im Automaten vorhanden (oder in einer versteckten Schublade wie beim Friseur), ohne Werbung oder Ankündigung. Und wer erinnert sich nicht an die geheimnisvollen Automaten, auf denen stand »Einwurf 1 DM«, sonst nichts?

Am 14. 4. 1970 aber kam der Bundesgerichtshof zu anderer Ansicht: Nämlich, »daß diese Mittel heute zu denjenigen Dingen gehören, die nicht nur den Anschein des Unverfänglichen und Selbstverständlichen haben, sondern allgemein als unverfängliche und selbstverständliche Dinge angesehen werden«.

Nur der Freistaat Bayern wollte sich mit dieser Regelung nicht abfinden, prozessierte, konnte später aber doch bekehrt werden.

Diese Beispiele aus jüngster Vergangenheit sollten uns zu denken geben, gerade in einer Zeit, in der wieder die Minister Familienglück und Kinderreichtum anpreisen wie Sauerbier. Wer weiß, ob sich nicht eine neue Antipariserfront zusammenrottet, während wir noch ahnungslos unseren Vergnügungen nachgehen?

Warme Pariser

Ein Gastbeitrag von Ekkehart-Edith Schwenzel

Der Homosexuelle ist, wie das Wort schon sagt, überwiegend mit seiner Sexualität beschäftigt, der er meist unter (oder über) seinesgleichen nachgeht, also in einem *homo*genen Bereich. Anders als bei den unschwulen Menschen kommt es zwischen zwei Männern kaum zu gegenseitigen Befruchtungen oder gar Schwangerschaften. Diese sind sogar noch seltener als die sogenannten Jungfernzeugungen, von denen — ehrlich gesagt — in der Geschichte der Menschheit auch erst ein Fall (vor. ca. 2000 Jahren) belegt ist.

So kam es, daß sich das Interesse der Homos am Pariser schon frühzeitig auf dessen zweite Wirkung konzentrierte: die Eindämmung sexuell übertragbarer Krankheiten durch Vermeidung von Ansteckung.

Wenn auch der Pariser vermutlich nicht von Schwulen erfunden wurde, so ist er doch schon frühzeitig von ihnen herbeigesehnt und gedacht worden. Der erste bekannte Hinweis hierauf findet sich in der Bibel, Altes Testament, Psalm 18,36. Dort sagt David in seinem »Dank des Königs für Rettung und Sieg« (über Krankheit?) zu Gott: »Du gibst mir den Schild deines Heils, und seine Rechte stärkt mich, und deine Huld macht mich groß.«

Es ist offenbar, um welchen Akt der beiden es sich hier handelt, und daß der »Schild des Heils« einen — wenn auch noch nicht gummierten, so doch nicht weniger wirksamen ideellen — Pariser Gottes für David darstellt.

Einfacher haben wir es mit dem Wort des edlen, aber nicht weniger »gleichgesinnten« Preußen-Königs Friedrich des Großen. Er schrieb — in Anlehnung an einen Satz Ludwig XIV. — am 17. Mai 1740 an Voltaire: »Le parisien c'est moi!« Auf deutsch etwa: »Ich bin die Verhütung!« — eine der typischen Selbstüberschätzungen des erst 28jährigen Monarchen.

Die meisten Homoeroten schwiegen jedoch wohlweislich über ihre Benutzung von Parisern (aus Angst vor Neid der Normalen?), wie sie überhaupt ihr So-Sein nicht gern offen ansprachen. Die Angst vor gesellschaftlicher wie staatlicher und juristischer Verfolgung war einfach zu groß. Konnte man denn ernsthaft hoffen, daß ein — wenn auch an entscheidender Stelle — in zartes Gummi gehüllter mann-männlicher Akt schon *deshalb* nicht mehr anstößig wirken würde?

Es blieb dem großen Berliner Arzt, Sexualforscher und Homosexuellen Dr. Magnus Hirschfeld vorbehalten, im Rahmen seiner umfangreichen, jahrzehntelangen Forschungen Bemerkenswertes über den sogenannten »warmen Pariser« herauszufinden. Leider wurde die Veröffentlichung des Buches »Die Anwendung des Parisers in der Homosexualität des Mannes und des Weibes« durch die erzwungene Emigration und den Tod des Autors 1935 verhindert. Das fast fertige Manuskript sowie sämtliche Materialien zu dieser Untersuchung wurden 1933 von den Nazis öffentlich verbrannt, so daß wir über den Inhalt wohl nie etwas erfahren werden.

Die Sexualwissenschaft der Nachkriegsjahrzehnte vermied ein Anknüpfen an Hirschfelds Forschungen (wirklich nur, weil sie diese gar nicht kannte?). Sogar in der — sonst überaus gründlichen — Monumentalstudie von Dannecker/Reiche »Der gewöhnliche Homosexuelle« von 1974 fehlt im Sachregister jeder Hinweis. Selbst nach dem »gewöhnlichen Pariser« ist offenbar gar nicht gefragt worden!

Erst in den achtziger Jahren unseres Jahrhunderts taucht der gute alte »Helfer in bestimmten Lebens-Lagen« wieder öffentlich in Verbindung mit Homosexuellen auf. Häufige Besuche der Kontinentalschwulen bei den Schwestern in USA brachten eine bisher gänzlich unbekannte Krankheit namens AIDS (Angst Ist Das Schlimmere) schnell auch bei uns in Umlauf, und zwar zunächst vor allem unter schwulen Männern. Gleich nach der ersten Vermutung, die Krankheit würde beim sexuellen Kontakt übertragen, wurden erste Rufe nach Parisern laut.

In USA, wo alles viel größer und schöner ist als hier, rief man die Homos zur Enthaltsamkeit auf. In San Francisco, *der* Schwulenstadt der USA, waren kurzfristig alle Sorten Pariser ausverkauft. Bars und Saunen mußten schließen. Sie durften erst wieder öffnen, wenn sie sich bereit erklärten, kostenlos Kondome auszuteilen. Die Gummi-Industrie unterstützt jetzt die AIDS-Hilfe-Gruppen bei ihrem Kampf mit dem Pariser für Leben und Gesundheit. Schwule Politiker (die gibt es dort!) erklären in Wahlkampfreden: »Ja, ich benutze Pariser!«, da sie sonst ohne Chance wären. Sogar die Priester in den Homo-Kirchen Kaliforniens ziehen sich Kondome über die Finger, bevor sie Meßwein und Hostien an die Gemeinde austeilen.

Mit einem Wort: Das kleine Stückchen Gummi feiert ein großartiges Comeback.

Und wie sieht es hier bei uns aus? Schon beim Übersetzen aus dem Amerikanischen gab es erste Schwierigkeiten: »Safe Sex« wäre »Sicherer Sex« — wenn's den denn überhaupt gäbe? Was ist schon sicher — kein Pariser hält ewig! Deshalb »Safer Sex« — heißt »Sichererer Sex«, aber wer soll das denn aussprechen? Bleiben wir also beim »Safer Sex«, denn je ausländischer es klingt, um so sicherer wird es scheinen.

Wie aber erreicht man nun Otto Normalschwul mit der frohen Gummi-Botschaft? Der wollte nämlich erstmal recht wenig davon wissen, hing ihm doch die »Berichterstattung« der Medien schon reichlich zum Halse heraus. Organisationen und Veranstaltungen mußten her.

Dort erfährt der Ahnungslose nun alles, was er bisher nicht hatte wissen müssen. Freundliche AIDS-Helfer bewerfen das Publikum vom Podium herunter mit Probepackungen von Präservativ über Gleitcremes bis zum Hygienetüchlein, von der Industrie gern, schnell und kostenlos bereitgestellt. Medizinische Informationsveranstaltungen gipfeln schon mal in dem Hinweis, die Gleitcreme sei nicht unter, sondern auf dem Pariser zu verteilen. Und ein in der Forschung tätiger Professor, der Pariser auch für oralen Verkehr vorgeschlagen hatte, stutzte erst auf die Nachfrage hin, wie das denn technisch ablaufen solle?

Plakataktionen mit ästhetisch-adretten und garantiert unpornographischen Männerkörpern, allerdings auch ohne Abbildung der Pariser, werben für »Safer Sex«, wie es sonst nur Waschmittelkonzerne nötig haben. Ob das ähnliche Rückschlüsse auf das Beworbene zuläßt? Offenbar bringt »Safer Sex« für sich allein keinen Spaß, so daß dieser erst per Werbung erzeugt werden soll.

Schon totgesagte Prominente der Homo-Szene veranstalten jetzt Benefizkonzerte und sind plötzlich wieder »in«. Führende Gummifirmen entwickeln bereits spezielle Homo-Pariser (natürlich in Rosa und vorne verstärkt, wegen der dort härteren Beanspruchung!). Finanzstarke Ledersexclubs verteilen Gratis-Pariser, und wer kein Geld hat, stellt Automaten auf und verdient sich welches. Selbst in Buchläden für Schwule wird schon fleißig im Kautschukhandel mitgemischt. Kürzlich tauchte erstmals die verwunderte Frage auf, warum Hetero-Buchhandlungen das noch nicht tun . . .? Sonst wird jedoch meist darauf geachtet, die Pariser wie die Krankheit selbst als eine eher eigene Angelegenheit der Homos zu behandeln, ungefähr nach dem Tenor: »Wenn die sie (noch) nicht haben, sind sie selbst schuld. Können sich ja drum kümmern!«

Welcher Schwule mag da noch auf die leicht erreichbare »Sicherheit« verzichten? Wenn man schon nicht über Verhaltensänderungen nachdenken will, so muß doch zumindest der neuen Pariser-Moral gefolgt werden. Von »Was, du hast noch nicht?« bis zum Vorwurf des »potentiellen Mörders« ist schon alles dagewesen. Glückliche Menge, deren Wortführer ihr immer sagen, was zu tun und zu lassen ist. Und wenn die Freiheit der Sexualität auf den Stand des wilhelminischen Strafmaßes zurückgeschraubt wird — macht ja nichts, spätestens in einem Jahr hält sich doch kaum noch einer dran. Dafür kann man dann die Verantwortung und Schuld besser zuteilen. Wenn das nichts wert ist . . .?!

Unberührt von diesen Überlegungen freut sich der Pariser auf seine neue, große Zeit. Er ist in jedem Fall der Sieger. Und falls noch immer jemand nicht weiß, wohin man also Homo den Pariser denn eigentlich zieht: natürlich über den Kopf! Das schützt vor der Ansteckung genau wie vorm Denken.

3. Kapitel

Der Pariser in der Weltliteratur,

oder: Lies dann und wann ein gutes Buch, das frommt mehr als manch Besuch

Das Volksleben

Madame de Sévigné haben wir erwähnt, Caesar, Plinius und noch andere, was zeigt, daß die großen Geister aller Zeiten sich über Pariser so ihre Gedanken gemacht haben. Aber, wie gesagt, oft nur zaghaft und verstohlen, nie in lauten, schmissigen Lobgesängen, mit Ausnahme des unvergessenen Arnold Hau, der ein episches Trinklied zu Ehren des Latexverfahrens verfaßte. Doch Arnold Haus Neffen, trübe Sittlichkeitsapostel (ach! nicht nur Donald hat unter der Spießigkeit seiner angepaßten Neffen zu leiden) schrieben nach dem Verschwinden ihres Oheims dieses Lied um, um sich bei Rudi Dutschke einzuschmeicheln. Das gelang ihnen aber nicht, denn: Kleine Sünden straft der liebe Herr Gott, der Patenonkel der Kondome, sofort. Hier aber das Lied in seiner Originalfassung:

Trinklied auf die Pariserrevolution

Hoch die Tassen,
hoch die Gläser;
preist in frohem Sängerton,
was wir jetzt besingen wollen:
Die Pariserrevolution.
Trallala, trallala, die Pariserrevolution.

Hoch die Becher,
trinkt auf Malthus,
er verdient der Treuen Lohn,
denn er war der Initiator
der Pariserrevolution.
Trallala etc.

Hoch die Kelche
für das Latex!
Es zerbrach die Reaktion
und erstritt in heißem Kampfe
die Pariserrevolution.
Trallala etc.

Stimmt mit ein,
ihr edlen Vögler!
Bald weiß es die Erde schon,
daß die Zukunft ihr gehöret:
Der Pariserrevolution!
Trallala etc.

Übrigens greift Arnold Hau mit diesem Loblied alte Traditionen auf: Unseren Vorfahren waren die Pariser heilig. Die Fischhautpariser, wohlgemerkt, wir befinden uns einige Jahrtausende vor dem Latexverfahren, das Hau in so bewegenden Versen preist. Jacob Grimm berichtet von Osseten und Circassiern, daß »stangen mit thierhäuten zu ehren göttlicher wesen aufgerichtet wurden«. Mit Aufkommen des Christentums geriet dieser altehrwürdige Brauch in Vergessenheit. Der Brauch, nicht die Sache. Das »Wörterbuch der deutschen Volkskunde« übrigens hat seinen Grimm nicht gelesen und erwähnt die Existenz von Parisern mit keinem Wort — als wäre das Tragen von Parisern nicht eine dem deutschen Volke liebe Sitte! Herr Beitl, der zu Recht oft geschmähte Verfasser des Wörterbuches, will es nicht wahrhaben und hat seine ganz eigenen Anschauungen darüber, was das Volk meint: »Erst mit der Geburt des Kindes ist nach der gesunden Anschauung des Volkes der Sinn der Ehe erfüllt.«

Das Volk aber, wie so oft, will anders als der Volkskundler. Georg Holzwerth berichtet in seinem Roman »Das Butterfaß« von der schwäbischen Redensart: »Dich hat doch dein Vater durchs Hemd gemacht.« »Hemd«, ein volkstümlicher Euphemismus für Pariser, taucht auch im deutschen Volksliedschatz auf, z. B. in einem Lied aus dem Repertoire der Hamburger Gruppe Liederjan, in dem es heißt:

»Musikanten sind behende,
Musikanten sind geschwind,
sie machen in fünf Minuten
durchs Hemd die schönsten Drillinge.«

Einen Kommentar über typisch männliches Imponiergehabe wollen wir uns hier, da vom eigentlichen Thema zu weit entfernt, tapfer verkneifen und lieber den nächsten literarischen Gewährsmann zu Wort kommen lassen. Es ist der 1985 verstorbene Jonny Rieger, der sich zu den Hemdenträgern gesellt und den Seufzer ausstößt: »Ich habe eine Frau geangelt. Morgen werd' ich bei ihr schlafen. Das geht doch nicht ohne Hemd!«

Da sich diese Szene auf der Reeperbahn nachts um halb eins abspielt, ist anzunehmen, daß er hier vornehmlich an die Infektionsgefahr denkt. Galt nun die Fähigkeit, Kinder durchs Hemd machen zu können, als besonderer Beweis der Manneskraft, und wurde deshalb positiv bewertet (s. Lied), so fielen doch die Produkte dieser Prozedur der Verachtung anheim (s. Holzwerth). Die »durchs Hemd« gemachten Kinder wurden für Werwölfe gehalten, vor allem in Schweden, wo Sigfrid Svensson nachweist, der sich aber, wie viele Volkskundler, altjüngferlich ausdrückt — und dann noch falsch. Er führt das Werwolfsunwesen nämlich auf »besondere Vorkehrungen bei der Geburt« zurück — und dabei finden die »besonderen Vorkehrungen« doch bei der Empfängnis statt. Tatsächlich war es im mittelalterlichen Hochzeitsbrauch vorgesehen, daß die Braut ein »Hemd« mitbrachte und es ihrem Bräutigam anlegte (»das sind dan etliche briute, die legent ir hemd an ihrs mannes ort«). Und da wagen die Ignoranten noch immer, vom »finsteren Mittelalter« zu sprechen!

Die deutschen Klassiker

Jacob Grimm ist nun zitiert worden, nebst Arnold Hau und Liederjan, doch außer den Genannten hat die deutsche Literatur auch noch andere kluge Köpfe hervorgebracht, ob durchs Hemd oder nicht. Da sind z. B. die Herren Goethe und Schiller, die zu allem etwas gesagt haben, und deshalb auch zu den Parisern. Sie ergreifen jedoch nicht Partei wie etwa Arnold Hau, nein, sie erwähnen den Pariser nur so en passant: als alltägliches Gebrauchsmittel, dessen sich niemand zu schämen braucht, nicht einmal ein Edelmann wie Eduard, der gleich zu Beginn der »Wahlverwandtschaften« sein »Besteck« in sein »Futteral« steckt und danach befriedigt nach Hause geht. Doch auch als sonntägliches Zierstück schätzt der deutsche Klassiker seinen Pariser und berichtet:

»Geschmückt wie zum Triumphe waren die Pariser!« (Schiller). Gottfried Keller mag wohl an solche Luxuskondome gedacht haben, wenn er prunktvolle Geräte beschreibt, »welche mit einer vergoldeten Glocke versehen waren, sehr hübsch aussahen und Pariser genannt wurden«. Eher hausbackene Varianten hat Joseph Lauff im Sinn: »Die Stiefel mußten herunter und durch angewärmte Filzpariser ersetzt werden, dann erst wars gemütlich.«

Für diese Neuerung in der Pariserbenutzung wurde Lauff übrigens von unserm alten Kaiser Wilhelm geadelt: ein Zeichen wahrhaft staatsmännischen Durchblicks, den der Arme sonst eher zu verbergen pflegte. Marie von Ebner-Eschenbach schließlich läßt eine Dame beim Anblick eines besonders hübschen Chemikers ausrufen:

»Die große Stunde naht — greifen Sie nach Ihrem Apparat!«

Wenn die Pariser auch nur selten angedichtet werden, so wird doch immerhin in Reimen von ihnen gesprochen.

Ein rätselhafter Pariserfall

Eine Biographie der norwegischen Autorin Amalie Skram erzählt, daß sie einst ihren Gatten beim Kofferpacken erwischte. Da die Gatten normalerweise warten, ob nicht die liebende Gattin ihnen diese Arbeit abnimmt, schöpfte Amalie Argwohn. Der Göttergatte mußte für drei Tage nach Schweden und hatte seelenruhig eine Schachtel Pariser zwischen Hemdbrust und Bartwichse gelegt. Angeblich hat Amalie Skram diese Episode in einem Brief berichtet, in dem sie auf das Scheitern ihrer Ehe mit diesem reiselustigen jungen Mann eingeht. Was bleibt der Pariserforscherin anderes übrig, als den Skramschen Briefwechsel zu durchforsten, um diesen Bericht dingfest zu machen? Wir haben auch weder Zeit noch Mühen gescheut, aber — alles vergebens. Besagten Brief haben wir nicht finden können. Eine einzige Stelle in der ganzen großen Zahl scheint sich auf Pariser zu beziehen. Oder auch nicht . . . Die geschätzten Leser/innen mögen sich ihr Urteil selber bilden.

Amalie Skram berichtet in diesem Brief von einer Reise, die sie mit ihrem ersten Mann, Kapitän Müller, unternommen hat. Auf Jamaika kaufte sie »pokkenholt«, um es dann in London zu verdealen. Sie hatte vor, davon reich zu werden, denn in London wurden hohe Preise für »pokkenholt« gezahlt. Norwegische Autorin als Pariserspekulantin? Wir erinnern uns. Z. Zt. dieser Londonreise war dieser hassenswerte Malthus noch in Amt und Würden und sicher ein dankbarer Abnehmer für »pokkenholt«, aber die Menge der von Amalie Skram eingekauften Ware läßt uns erschaudern: es waren vier Tonnen! Vier Tonnen? Soviel verbraucht ja ganz Irland nicht in zwei Jahren!

Wenn ein Pariser (ausgepackt) fünf Gramm wiegt, dann wiegen zehn Millionen Pariser genau eine Tonne. Andererseits waren sie ja vor der Erfindung der Latexmethode dicker und schwerer, und vielleicht hat Skram ja die Verpackung mitgerechnet? Die Sache wird immer mysteriöser, und — wie wir sehen — die ganze Aktion hat sich nicht ausgezahlt, für uns nicht und auch nicht für Amalien. Denn als sie mit ihren vier Tonnen »pokkenholt« in London ankam, wollte sie keiner mehr kaufen, nicht einmal fünf Gramm konnte sie loswerden und mußte alles selber behalten. Schließlich beendet sie ihren Brief so geheimnisvoll, wie sie ihn begonnen hat, und meint, wenn ihre Freundin nicht wüßte, was »pokkenholt« sei, so sollte sie ihren Mann fragen.

Der Blitzableiter

Am 11. Dezember 1885 veröffentlichte ein gewisser Hans Jäger in Oslo (das damals noch Kristiania hieß) ein Buch mit Namen »Kristiania Bohème«. Das Buch wurde ins Deutsche und in andere wichtige Sprachen übersetzt und erlangte in der damaligen Szene große Bedeutung als richtig schönes Chauvibuch (denn die Chauvis waren damals ehrlicher als heute). Das Buch wurde sofort beschlagnahmt, woraufhin es der Autor unverdrossen neu drucken ließ unter dem harmloseren Titel »Weihnachtsgeschichten von Hans Jäger«. Doch kaum waren in Norwegen die ersten Weihnachtsgeschichten verkauft worden, als das Buch abermals beschlagnahmt wurde.

Warum aber diese Aufregung? Wurde damals gegen chauvinistisches Schrifttum härter durchgegriffen als heute? Nein — aber die Hüter der Moral warfen dem Autor »unzüchtige Stellen« vor. Schließlich ließ er an mehreren Stellen im Buch Pariser auftreten, die er Cordons nannte, womit er also die Bezeichnung wählte, die vom Konversationslexikon für falsch befunden wird.

Als eines Tages eine Wäscherin ihm saubere Unterwäsche und Manschetten bringt, zieht der Held des Buches ein Cordon aus der Tasche und sagt: ›Wissen Sie, was das ist?‹

›Nein?‹ sagt die Wäscherin.

Das will ich dir sagen: wenn Sie und ich nun zusammenliegen, und ich dieses Ding hier anziehe‹, während ich redete, rollte ich das Cordon auf, damit sie sehen könnte, wie es aussah — ›kann kein Kind dabei entstehen; denn das, was die Kinder macht, bleibt hier drinnen liegen‹ — ich steckte den Finger ins Cordon —; ›und wie du siehst, nichts kann hindurchkommen, schau mal‹, — und dann blies ich das Cordon auf: ›Nicht einmal Luft kommt da durch.‹

Sie saß mit halbabgewandtem Gesicht da und schielte zum Cordon hinüber, aber sie sagte kein Wort.

›Nun!‹ sagte ich dann, ›Sie sehen also, es gibt keinen Grund zur Furcht.‹ (. . .)

›Hier sitzen Sie auf meinem Schoß, und es gefällt Ihnen, wenn ich Sie liebkose, und ich habe Sie auf dem Schoß und liebkose Sie gern; wir haben also beide Lust, miteinander zu schlafen, es gibt keine Gefahr dabei, und wir werden keine schlechteren Menschen dadurch — das müssen Sie doch zugeben‹, sagte ich, ›daß es einfach dumm ist, wenn wir keins von diesen Cordons benutzen, nicht wahr?‹

Sie antwortete nicht, schielte aber weiter auf das aufgerollte Cordon, das nun hingeworfen auf dem Tisch lag.«

Dieses war der erste Streich, doch der zweite folgt sogleich. Weiter hinten in Hans Jägers dickem Roman ist der junge Held bei Bekannten eingeladen. In einer Tanzpause sitzt er allein in einer Stube mit einer jungen Dame. Er wird ganz geil und möchte sie verführen. Er sagt ihr, daß sie so krank und müde sei, weil sie keinen potenten Liebhaber habe. Er kann sie kurieren, meint er, sie muß nur zu ihm kommen.

›So‹, sagte ich keck, ›Sie meinen, das geht nicht? Aber das macht nichts; Sie können hereinkommen, ohne gesehen zu werden.‹

›Ach, Sie sind verrückt!‹ Sie wußte nicht, ob sie lachen oder böse werden sollte.

›Nein, gnädiges Fräulein, es ist mein blanker Ernst.‹

Sie dachte eine Weile nach. Dann sagte sie ruhig:

›Gesehen zu werden wäre ja nicht das Schlimmste.‹

›Ach, Sie haben Angst vor dem, was danach kommt? Pah, das brauchen Sie nicht. Wissen Sie nicht, daß es Blitzableiter gibt?‹

›Blitzableiter? — Nein, was ist das?‹

›Das ist etwas, das dafür sorgt, daß nichts danach kommt.‹

Sie antwortete nicht, aber ich redete weiter über Blitzableiter, und wie dumm es war, daß sie nicht viel mehr benutzt wurden. Zuerst hörte sie mir mit niedergeschlagenen Augen zu, doch als sie sich daran gewöhnt hatte, blickte sie auf und redete selber mit. Zum Schluß erzählte sie mir, daß auch ihre Freudinnen fänden, daß junge Damen derzeit ein erbärmliches Leben führen müßten, und ich lud sie alle zu mir ein.«

Die Zeitgenossen!

Nach soviel Klassikern tut ein Blick auf die moderne Literatur wohl . . ., obwohl auch sie schnell veraltet und manchmal schon gar nicht mehr aktuell ist. So reimte z. B. Christof Stählin in seiner Jugend, wohl unter dem Einfluß einer päpstlichen Bannbulle:

»Hören Sie, Herr Kondom,
alle Wege führen nach Rom!«

Heute distanziert er sich von dieser Jugendsünde und will sie um nichts in der Welt als pariserfeindliche Äußerung verstanden wissen. Wohin aber der Weg auch führen mag, ob nach Rom oder ins nächste Wäldchen, Tatsache ist, daß der Reiseproviant in Pariserform erst gekauft werden muß. Denn nicht immer kommt ein guter Onkel des Weges, der ruft:

»›Ihr könnt vögeln, soviel ihr wollt, aber nur hiermit, denn ihr müßt aufpassen.‹

Warf eine Handvoll Pariser hin. Klappe zu, Affe tot. Er hatte uns sicher darüber reden hören, hatte erraten, was wir vorhatten, nehme ich an. Da saßen wir nun zwischen vierzig Parisern. Wir wurden dadurch nur noch nervöser, die Stimmung war völlig hin. Wir kamen uns zwischen den Kondomstapeln immer komischer vor, meinten dann, daß wir es ja nicht tun müßten, und schliefen schließlich ein.« (Mary Ann Lindo)

Wer aber keinen Onkel mit derart entenhausischer Tatkraft hat, muß den Code kennen, muß als Stammkunde eingeführt und akzeptiert sein:

»Dann ging Ernst zurück zur Theke, legte vier neue Zehner auf die Marmorplatte, und erst da wurde Jansen aufmerksam auf ihn. Ernst spreizte die Finger. Jansen öffnete ein Fach ganz unten und gab ihm ein Dutzend Rubin Extra.

›Ich wünsche Ihnen ein schönes Wochenende, Smith.‹«

(Lars Saabye Christensen)

James Bond hat es da schwerer, bzw. nicht James Bond, sondern ein Vorgänger. Eh' die Frau nämlich in die Arme des tapf'ren 007 sinken kann (der gewiß immer sein Päckchen Rubin Extra bei sich trägt), muß sie einen tranigen Knaben über sich ergehen lassen, der vor Panik fast stirbt, als er sich in eine Apotheke wagt. Dort stottert er:

»Eins von diesen Dingen, um keine Kinder zu machen . . .«

Der Apotheker fragt, welche Marke, und der junge Spund stirbt fast vor Schreck, weil er fürchtet, die nächste Frage könne »welche Größe« sein. (Selbstverständlich fliegt das Paar aus dem Kino, ehe die so sauer verdienten Pariser zur Anwendung gelangt sind!)

James Bond aber wird sich niemals so jämmerlich aufgeführt haben. Er wird wie Arne Piewitz den Friseurladen im Sturm nehmen und locker konstatieren:

»Schau an, ein Friseur. Dieser einmalige, durch nichts zu entschuldigende Duft. Neben den Kondomen bewahrt er die Zahnbürsten auf, Seife, Nagelreiniger, Kleiderbürste, Handtuch — alles da. Ich mach das Radio an und mich frisch.«

Neben Friseuren und Apotheken spielen Automaten eine Rolle als Pariserspender: in der Wirklichkeit wie im Roman. Dabei gilt die Regel: Wenn der Automat in der prallen Sonne steht, lieber vom Kauf absehen. Denn Pariser müssen kühl und trocken aufbewahrt werden, sonst nehmen sie Schaden an Leib und Seele. Und die Benutzer auch!

Folgendes wird uns aus der Parisermetropole an der Seine berichtet: »Die sechs FAFen versuchten, sich hinter dem Automaten für Minutenpillen und Allzweckpariser (mann konnte sie auch als Bademützen verwenden, wenn der Kopf klein genug war) zu verstecken . . .«

(N. L. Bernheim/M. Cardot)

Neben den Bezugsquellen werden auch Äußerlichkeiten genannt. Balthasar Matzbach, der Universaldilettant, dem sonst nichts Menschliches fremd ist, stutzt beim Anblick eines kohlpechrabenschwarzen Etwas (kein Mohr):

»Ein schwarzes Kondom für Trauerfälle? Mon Dieu, welche Feinfühligkeit!«

(Gisbert Haefs)

In der britischen Armee dagegen werden weniger diskrete Farben geschätzt: »Sammy Jenkins, der gemeine Soldat Sammy Jenkins, der Soldat mit der Narbe, in kondomgelber Hose, roter Nylonjacke und weißen Plateauschuhen . . .«

(Ola Bauer)

Was geschieht aber mit all den Parisern, die so unablässig in der zeitgenössischen Literatur auftauchen?

Raten Sie, liebe Leser/innen!

Antwort bitte hier eintragen.

Lesen Sie nun das Folgende und ermitteln Sie, ob Sie richtig geraten hatten! Vermutlich nicht . . . Das Nächstliegende geschieht nämlich so gut wie nie, oder doch nur sehr selten. Matzbachs Kollege Thygesen z. B. versteckt seine Pariser an einem seltsamen Ort:

»›I am sorry‹, sagt der Zahlmeister und zieht den Mund zusammen, als hätte er ein Kondom im Salat gefunden.«

(Jon Michelet)

Andere werfen die Pariser nicht in den Salat, sondern ins Wasser, zur Freude der Anglerinnen:

»Ingri war ein Original. Sie hatte eine Sammlung von vierzig Parisern. Wir fischten sie an der Brücke auf, wo der Fluß sich vor Schokoladepapier und Fischleichen nur träge bewegte.«

(Merethe Lindström)

Wieder andere verschenken sie:

»Schau dir diesen putzigen Ballon an, er ist wie ein Zwerglein mit einem Sack auf dem Rücken, wenn du ihn richtig aufbläst. Ich weiß nicht, ob frau sie auch zu Notwendigerem verwenden kann, die Frau im Laden hat nicht begriffen, als ich mich danach erkundigen wollte.«

(Bergljot Hobäk Haff)

Schließlich gibt es noch die Möglichkeit, seine Pariser gar nicht zu benutzen — das »Prinzip der Unterlaßbarkeit«, wie Christof Stählin es nennt. Im folgenden Romanauszug klagt eine Frau über einen Mann, der dieses Prinzip falsch verstanden hatte.

»Ja, in der Nacht zum 4. Juli hatte ich einen Matrosen da, und der hat mich bequatscht, daß das eine Art Freiheitsnacht wäre, in der alle, die seinen Glauben haben, es ohne Gummi machen müssen. Ja, und dann hab' ich ihn antun lassen, ich hab' es nie geschafft, zu Leuten mit religiösen Gründen streng zu sein.«

(Bergljot Hobäk Haff)

Das Prinzip der Unterlaßbarkeit gilt, wie Christof Stählin so richtig ausführt, für viele Fälle. Es soll z. B. niemand ein Kamerateam in die Anden reisen lassen, dort ein Dampfschiff nachbauen, sich von Indianern durch eine eigens dafür frischgeschlagene Schneise durch den Urwald schleppen lassen, und einen Film dabei drehen, bloß weil er nicht gewußt hat, daß man das auch unterlassen kann.

Und genauso ist es mit den Parisern: Man soll sich nicht weigern, sie zu benutzen, bloß weil man nicht weiß, daß man die Weigerung auch unterlassen könnte.

Ein anderer literarischer Verweigerer ist Herr Kaffke:

»Herr Kaffke nimmt die Pille nicht,
kriegt Ausfluß, wird krank,
und auch Pariser nicht, weil ihn das hemmt . . .«
(Walter Moßmann)

Herrn Kaffkes Schicksal sollte allen potentiellen Verweigerern eine Lehre sein: Es ergeht ihm übel. Er wird schwanger und kann nicht zum Schützenfest von Nordenham . . .

Nicht nach Nordenham, sondern nach — Paris entführt Lion Feuchtwanger seine Leser/innen. In seinem großen Roman »Exil« aus den 30er Jahren, der von deutschen Emigranten in Paris handelt, greift Feuchtwanger das Thema »Pariser« verschiedentlich auf. 1935 erhält die deutsche Botschaft in Paris Besuch vom Parteigenossen Heydebregg, einem hohen Nazi aus Berlin. Dieser verfügte über unglaublich geringes Wissen über Pariser — vielleicht tat er aber nur so, weil ihm die Himmlersche Polizeiverordnung zu Kopfe gestiegen war? In der Wohnung des deutschen Journalisten und Schriftstellers Erich Wiesener trug sich nämlich folgendes zu:

»So sehr Wiesener sich mühte, er konnte den Blick des andern nicht mehr ertragen. Er hob das Aug höher zu der holden, leichtfertigen Nacktheit der Miß O'Murphy. Da kam ihm plötzlich, scheinbar weitab und dennoch sehr naheliegend, ein Gedanke. Was er damals auf dem Bierabend der Botschaft dunkel gespürt hatte, daß nämlich in der Stärke des Parteigenossen, in seinem Puritanertum, auch seine Schwäche lag, wurde ihm nun Gewißheit. Damals, bei dem Empfang in der Botschaft, hatte der Mann von den sogenannten Pariservergnügungen und Lastern gesprochen, wie eine Pastorstochter, schockiert und gelockt zugleich. So einer, mit seiner protestantisch ledernen Art, widersteht zehn Versuchungen, um auf die elfte um so gründlicher hereinzufallen.«

Und Wiesener beschloß, Parteigenosse H. in die geheimnisvolle Welt der Pariser einzuführen. Und das glückte. Nicht zuletzt aufgrund des nordischen Aussehens des prüden Pg., der ein ausgezeichneter Repräsentant seiner Rasse war, wie Hundezüchter es ausdrücken würden. Schließlich rief Heydebregg:

»Was das Parisermilieu anlangt, dessen Studium Sie mir empfehlen, so scheinen Sie selber mir auf diesem Gebiet der rechte Mentor zu sein, junger Mann.«

Worauf Wiesener »bescheiden stolz« antwortete: »Ich glaube, meine Pariser zu kennen.«

Wieseners Plan zur Entprüdisierung des Parteigenossen führte sogar dazu, daß dieser sich eines Abends zu Madame Lea de Chassefierre begab, einer Jüdin. Und hier erwies es sich, daß selbst dickschalige Nazis und lederne Protestanten dem berühmten Parisercharme nicht gewachsen waren:

»Alles andere ging an diesem Abend wie nach Wunsch. Leas Gast gefiel ihren Parisern, und ihre Pariser interessierten den Gast.«

Ähnliche Ergebnisse scheint ein junger Held in Patrick Süskinds gerüchigem Roman »Das Parfum« gehabt und nie vergessen zu haben. Aber da eben nicht jedes Erlebnis beliebig wiederholbar ist, muß er sich ins Reich der Phantasie flüchten. Und so »imaginierte (er) den versammelten Brodem von sechshunderttausend Parisern in der schwülen lastenden Hitze des Pariser Hochsommers«.

Ein Pariser in Amerika

In den USA, wo alles größer und zahlreicher ist, gibt man sich nicht mit Einzelstücken zufrieden. Frau auch nicht. Und schon gar nicht in der Literatur! Lillian Hellman berichtet aus ihrer Zeit als Drehbuchautorin in Hollywood, daß ihr und einem Kollegen der Filmstar Harry C. Potter ein Dorn im Auge war. Damals gab es Streichholzschachteln mit Schauspielerfotos zu kaufen, und Hellman und ihr Kollege legten eine große Sammlung an. In jede wollten sie einen Pariser mit der Aufschrift »Beste Grüße von Harry C. Potter« legen und sie bei einer bevorstehenden Cocktailparty unauffällig unters Volk mischen. Das Ganze ist schon vierzig Jahre her, und stempelmäßig war man damals noch nicht so weit wie heute. Für ihr Vorhaben brauchten die beiden Verschwörer Wachs, das sie in einem Öfchen schmolzen, um daraus die Wörter zu bilden. Und dann kam der große Frust. Kaltes Wachs haftete nicht, heißes brannte Löcher in die Pariser.

»Nach einer Weile waren die Kondome im Drugstore ausverkauft, und einer der unvergänglichen Augenblicke, die meine Erinnerung für immer festgehalten hat, ist das Bild des Verkäufers, wie er George bei seinem letzten Einkauf anstarrte, als er wieder ein Dutzend Schachteln verlangte.« Und es dauerte zwei Wochen, bis sie das Problem gelöst hatten. Es wurde keine andere Arbeit mehr getan, lästige Chefs wurden mit fadenscheinigen Ausflüchten abgewimmelt. Und schließlich war es soweit: Auf 27 Kondomen prangte in grasgrüner Schrift:

»Beste Grüße von Harry C. Potter«, und Hellman und ihr wackerer Kollege betranken sich, wie das jeder vernünftige Mensch getan hätte.

Wie heißt dieses berühmte Musical?

Richtig. Ein Pariser in Amerika. Gewonnen hat Kid Curry aus Freiburg. Die Fromms gehen heute noch raus.

Als sie ihren Rausch ausgeschlafen hatten, erkannten sie, daß ihre Sorgen noch nicht vorbei waren: Sie mußten die Pariser noch rollen, um sie in die Streichholzschachteln zu bugsieren, aber die Pariser wollten nicht. Entweder waren sie viel dicker als die heutigen oder die Streichholzschachteln viel kleiner. Doch dann erschien eine altjüngferliche sittenstrenge Sekretärin und löste das Problem mit zwei geschickten Handgriffen. Pariser müssen erst längs, dann quer gefaltet werden, und dann passen sie in jede Streichholzschachtel!

Und was geschah dann? Ach, es gab keinen Skandal! Niemand verlor ein Wort über die Pariser, und in ihrem Frust haben Hellman und ihr Kollege sie später nie mehr erwähnt.

4. Kapitel

Andere Länder, andere Sitten

Der polyglotte Pariser, oder: Geliebtes Kind hat viele Namen

Wenn eine eine Reise tut, dann kann sie was erzählen. So oder so ähnlich begann eine Ballade, die viele von uns in unserer Jugend in der Schule auswendig lernen mußten. Nun ist das Balladenauswendiglernen inzwischen doch eher zu einer aussterbenden Kunst geworden, zumal in den Schulen — doch das ist kein Grund zur Trauer, schließlich tun die meisten Balladen der Pariser kaum oder gar nicht Erwähnung. Doch die Wahrheit der Eingangszeile stimmt heute wie eh und je: Wenn eine eine Reise tut, dann kann sie viel erzählen. Aber ob das immer stimmt? Eine andere bekannte ist auch die Geschichte der Frau, die nach Amsterdam reiste, und dort, angesichts eines prächtigen Hauses ausrief: »Oh, ihr Mijnheers, wem gehört dieser prächt'ge Bau?« Worauf ein Vorübergehender murmelte: »Kannitverstaan.«

»Kannitverstaan« murmelte unsere Reisende, »so ein großes Haus für eine einzige Frau!« und ging weiter. Da aber sah sie, wie ein großer Käse zum Bahnhof gerollt wurde, und rief erstaunt: »Oh, wem mag wohl dieser große, große Käse gehören?« — »Kannitverstaan«, murmelte eine Vorübergehende, und unsere Reisende schritt verwundert weiter. Am Bahnhof angekommen, sah sie viele Unterdealer, die nach neuen Heroinkunden Ausschau hielten. »Ach«, rief sie, »für wen arbeiten denn all die kleinen Dealer?« — »Kannitverstaan«, grölte ein zufällig vorbeikommender Punk und warf eine leere Bierflasche nach ihr. »Soso«, dachte unsere Reisende, »so finanziert Mevrouw Kannitverstaan also ihr großes Haus und ihren geilen Kaas!« und schritt tapfer fürbaß. Doch auf der Sassenheimstraat mußte sie innehalten, denn ein prunkvolles Leichenbegängnis zog die Straße hinab. »Sagt«, wandte sich unsere Reisende an einen neben ihr stehenden Tulpenzüchter: »Wessen Begräbnis wird denn hier so feierlich begangen?«

»Kannitverstaan«, sprach der Tulpenzüchter und schneuzte sich in ein getülptes Sacktuch.

»Auweihgeschrien«, rief daraufhin unsere Reisende. »Arme Kannitverstaan! Was nutzt dir nun dein prächtiges Haus, was nutzt dir dein geiler Käse, was nutzen dir die schmucken jungen Dealer? Nichts, denn du bist tot und kannst nichts mitnehmen, arme Kannitverstaan!«

Wir sehen daran, daß die Reisende gar zu leicht in die Lage gerät, nachher nur Falsches erzählen zu können.

Damit anderen Reisenden nichts Ähnliches passiert, damit sie z. B. nicht in einen Laden gehen, nach »Parisern« verlangen und zur Antwort erhalten »Kannitverstaan«, folgt nun eine Übersicht über die gebräuchlichsten Bezeichnungen für Pariser in vielen gebräuchlichen Sprachen. Daß nicht alle Sprachen vertreten sind, bedauern wir sehr. Aber es ist uns nicht gelungen, zu jeder Sprache die passende Gewährsperson zu finden, und viele der von uns angeschriebenen Expert/innen haben einfach nicht geantwortet. Vielleicht wird es uns ja, mit Hilfe der geeigneten Leserinnen und Leser, später möglich sein, im Rahmen eines Folgebandes die so entstehenden Lücken zu füllen.

Mit diesem heiteren Plakat wirbt der Reichsverband für sexuelle Aufklärung in Schweden in aller Öffentlichkeit für die Verwendung von Kondomen. „Man weiß nie, wann sie gebraucht werden", heißt es in dem dazugehörigen Text.

Richt'ges Wort am falschen Ort?

Nicht nur die Bezeichnung ist wichtig, auch, wo wir die richtige Bezeichnung nennen, kann von Bedeutung sein. Pariser werden an mancherlei Orten feilgeboten: in Automaten, Drogerien, Kaufhäusern, Supermärkten, Zeitungskiosken, natürlich nicht in jedem Land an all diesen Orten. Auch wer die Pariser kauft, variiert von Land zu Land. Sehr lange war der Pariserkauf wohl eine Domäne der Männer. Vor allem zu Zeiten, in denen noch die Herrenfriseure die bevorzugten Pariserumschlagplätze waren, werden sich nur die unternehmungslustigsten Damen einen selbständigen Einkauf zugemutet haben. Viele Männer scheinen aber eine solche Unternehmungslust eher belastend gefunden zu haben: Wenn die Dame einfach selber Pariser kauft, wer garantiert dann, daß sie nur mit dem einen diese Pariser aufbraucht? Eine im Grunde so harmlose Angelegenheit wie ein Pariserkauf kann also den Zündstoff für ein Eifersuchtsdrama enthalten. Das ist aber keine pariserspezifische Eigenschaft, sondern haftet allen Verhütungsmitteln an, weswegen wir sie hier nur kurz erwähnen können. Bestehen bleibt die Tatsache, daß auch Damen seit etwa 20 Jahren unverzagt Pariser kaufen, wenn auch bevorzugt in Drogerien und Supermärkten mit Selbstbedienung.

Die Plazierung der Pariser in solchen Selbstbedienungsläden sagt übrigens einiges über das Pariserverhalten aus — nicht über das der Kund/innen, sondern über das der Ladenleitung. Viele Läden legen die Pariser z. B. neben Rasierklingen und -wässerchen: erwarten also männliche Kundschaft und geben den Parisern durch gezielte Plazierung den Charakter eines männlichen Artikels. Andere, wenn auch wenige, legen die Pariser neben Damenbinden und Tampons, wodurch der Pariser zu einem Gegenstand der weiblichen Intimhygiene wird. Viele Drogerien, vor allem in Frankreich, legen die Pariser zu Pflastern, die übrigens von derselben Firma hergestellt werden. Dadurch wird der Pariser vom Ruch des Geheimnisvollen, Anstößigen befreit und zum Gebrauchsartikel. Charmant wirkt die Kombination mit Pflastern, dienen doch beide dem Umgang mit den jederzeit möglichen kleinen Unfällen im Haushalt: der eine vorher, der andere nachher. In der Drogerie, in der wir einzukaufen pflegen, liegen die Pariser zwischen Damen- und Herrenparfüms, mitten dazwischen, gleichsam auf der Besucherritze, und vermählen so harmonisch das weibliche und das männliche Prinzip. Seltsamerweise werden aber mit den Parisern auch Nagelfeilen angeboten — wir versagen uns Spekulationen darüber, ob damit etwa der Kampf der Geschlechter angedeutet werden soll.

Bei dieser reichen Palette von Einkaufsmöglichkeiten ist es jedenfalls kaum zu begreifen, warum immer noch so viele Menschen, vor allem aber Männer, sich ohne Pariser auf die Straße wagen. Angenommen, einfach mal angenommen, die Polizei veranstaltete eine ihrer beliebten Großfahndungen, nähme aber dabei keine mutmaßlichen Terroristen fest, sondern pariserlose Mannsbilder — die Gefängnisse in diesem unserem Lande wären in Nullkommanix zum Bersten gefüllt. Darin zeigt sich — wie in so vielem, was die Pariserkultur betrifft — ein bedauerlicher Rückschritt: Gewährsfrauen, die sich an diese Zeit erinnern können, teilten mit, daß der Mann von Welt der 50er Jahre (also der mit Schmalztolle, Jeans mit Umschlägen und Nickytuch) niemals oder nur unter Zwang ohne Pariser sein Haus verlassen habe. Allerdings bewahrten die jungen Männer ihre Pariser damals in den Brieftaschen auf, was ja bekanntlich schädlich ist für unsere kleinen Freunde und Helfer. Dadurch erklärt sich vielleicht die Skepsis, mit der diese Generation heute den Parisern gegenübersteht? Zu wissen, daß man seine Pariser jahrelang falsch aufbewahrt hat, muß jeden an seinem Verstand zweifeln lassen — also verdrängt man das unangenehme Wissen und schiebt die Schuld für etwaiges Versagen auf die schuldlosen Pariser.

Doch nicht um Schuld und Sühne soll es hier gehen, sondern um den Pariserkauf, und da in der internationalen Pariserszene jahrelang die Friseure die ungekrönten Könige unter den Dealern waren, soll nun einer von ihnen zu Wort kommen.

Dem Frisör ist nichts zu schwör

Herr v. F., dem wir die folgenden Auskünfte zu verdanken haben, war 47 (in Worten: siebenundvierzig) Jahre als Friseur tätig, im In- und Ausland, zu Wasser und zu Lande. Zuletzt tat er Dienst in einem der größten und teuersten Hamburger Hotels.

Frage an Herrn v. F.: »Wie lange wurden Pariser beim Friseur verkauft?«

»Bis Ende der 70er Jahre.«

»Wo bewahrte man sie auf? Wurden sie z. B. ausgestellt, wie heute in Sexshops oder Supermärkten?«

»Nein, sie wurden nicht ausgestellt. Wir bewahrten sie in einer Art Geheimschublade neben der Kasse auf.«

»Wie war die Auswahl?«

»Es gab meistens nur zwei verschiedene Arten: eine etwas billigere (Marke Fromms) und eine teurere (Marke Blausiegel).«

»Welche Kunden kauften Pariser?«

»Es waren meist junge Männer, manchmal aber auch ältere Herren. Das Alter lag so zwischen 20 und 60 Jahren.«

»Wie fragten sie nach Parisern?«

»Es wurde z. B. gefragt: ›Habt ihr diese . . ., na, Sie wissen schon?‹

Die Kunden haben meist mich danach gefragt, weil im allgemeinen eine Dame an der Kasse saß und die Kunden sich bei ihr offensichtlich genierten, danach zu fragen.

Manchmal kam auch die Frage, welche Sorten es gäbe, aber es gab ja keine große Auswahl.«

»Waren die Leute sehr hektisch?«

»Es war oft hektisch und hinter der Hand. Also so, daß es für andere weder zu sehen noch zu hören war. Ich ging meistens selber mit zur Kasse und gab dem Kunden die Pariser.«

»Kamen auch Frauen Pariser kaufen?«

»Nein. Ich habe es jedenfalls nicht erlebt.«

»Kennen Sie eine witzige Geschichte in Verbindung mit diesem Thema?«

»Einige verlangten Pariser, bevor sie allein zu anderen Kontinenten reisten, damit sie keine Krankheiten zur zu Hause bleibenden Frau mitschleppten.«

Und die Moral von der Geschichte: Ob Matrose oder Börsenspekulant, vor dem Friseur sind sie alle gleich.

Es steht zu hoffen, daß sich die Frauen für diese reizende Rücksichtnahme ebenso dankbar zeigten wie Amalie Skram, als sie ihren Gatten beim Kofferpacken ertappt hatte.

Immer wieder wird behauptet, es habe ein gewisses Handzeichen gegeben, das dem Friseur den Wunsch des Kunden anzeigte, ohne daß dieser ein Wort sprechen mußte. Auf diese Weise konnte es der Kunde umgehen, von anderen Kunden bei seinem Tun entdeckt und für einen Lustmolch gehalten zu werden. Alle Nachforschungen weisen aber darauf hin, daß es ein solches Hand- bzw. Fingerzeichen nie gegeben hat, jedenfalls nicht ein verbindliches. Wenn ein Kunde herumdruckste und undefinierbare Fingerübungen machte, dann wußte der Friseur, dem nichts Menschliches fremd war, ohnehin, was die Uhr geschlagen hatte. Üblich dagegen war, durch Handzeichen anzugeben, wie viele Pariser man zu kaufen wünschte, wie es ja auch in einem unserer literarischen Beispiele nachzulesen ist.

Pariserkauf in

Deutschland. Daß Deutschland hier nicht in DDR und BRD unterteilt auftritt, hat seinen guten Sinn. Denn, allen andersgearteten gesellschaftlichen Entwicklungen zum Trotz, Pariser werden hüben wie drüben weiterhin an denselben Stellen wie eh und je verkauft. Nach Wegfall der Friseure bleiben öffentliche Toiletten, Drogerien, Supermärkte (in der DDR letzteres natürlich weniger) und Automaten. Auch die Bezeichnungen unterscheiden sich kaum. Neben den offiziellen Bezeichnungen Kondom und Präservativ sind die umgangssprachlichen Namen Pariser und Präser (arg phantasielos!) in Gebrauch. Der Atlas für deutsche Volkskunde, der ansonsten wirklich alles erfragt und auf Verbreitungskarten festgehalten hat, hat sich um diese Frage herumgedrückt. Aber eine Karte über die Verbreitung der unterschiedlichen Textvarianten des Liedes »Maikäfer flieg« gibt es! Sicher ist es wichtig für uns, wollen wir den deutschen Volkscharakter in den Griff kriegen, zu wissen, wo man singt:

»Maikäfer flieg, dein Vater ist im Krieg,
deine Mutter ist in Pommerland,
Pommerland ist abgebrannt . . .«

oder wo es heißt:

»Deine Mutter ist im Ammerland,
Ammerland ist abgebrannt . . .«

Aber ist es nicht genauso wichtig, zu erfahren, wo der Pariser wie genannt wird? Eine Übersichtskarte würde wohl gleichmäßig verteilte Tupfer für Pariser, Präser, Kondom und Präservativ aufweisen (und dem Deutschen Reich in den Grenzen von 1937 das leidende Aussehen eines Masernkranken geben). Daneben gäbe es versprengte Einzelbelege (z. B. in Schwaben und Hamburg) wie »Hemd« oder »Nahkampfsocke«. Eine Verbreitungskarte der Pariserquellen ergäbe wohl ein ähnliches Bild: Ganz Deutschland gleichmäßig gesprenkelt, von der Maas bis an die Memel, nur in Flensburg, um Flensburg und um Flensburg herum befände sich eine weiße terra incognita. Dort gibt es keine Pariser zu kaufen, das berichtet jedenfalls das Tagebuch des Heinrich Susemihl, dem wir wohl Glauben schenken müssen:

»Aufregendes passiert auf diesen (= Flensburger) Höfen nicht (wo es doch nicht einmal einen Teufelshof oder ein Kaffeehausradikalenkaffeehaus gibt!). Deshalb muß frau den ganzen Tag Bier trinken, um sich zu trösten, und nachts in einsamen Straßen nach Pariserautomaten suchen, die es natürlich gar nicht gibt.«

Einen Grund für dieses seltsame Fehlen haben wir leider noch nicht ermitteln können.

England bzw. in englischsprachigen Ländern, unter die auch die USA, Australien und die englischsprachigen Gebiete von Wales, Irland und Schottland fallen. Dort jedenfalls ist der häufigst gebrauchte Parisername »Durex«, nach der Herstellerfirma, ein Fall also, wo der Name des Produzenten auf das Produkt übertragen worden ist und nun auch ähnliche Produkte von anderen Produzenten bezeichnet (vergleichbar mit »Tempotaschentücher« oder »Uhu«). Populär sind Lieder, die in parodistischer Weise diesen Namen enthalten:

»Durex (statt »Diamonds«) is a girl's best friend.« Oder, auf die Melodie des bekannten Cowboysongs »Home on the range«:

»Torn, torn at the end,
the Durex was torn at the end.
He wouldn't have been
if his father had seen
that the Durex was torn at the end.«

Auch die Werbung für die Anstreicherfarbe Dulux wird gerne entsprechend verändert: »You can depend on Durex«. Eine Pariserwerbung übrigens zeigt einen Rennwagen, der von den Herstellern finanziert wird, und nennt ihn »ein Kleinfamilienauto«. Während einige Supermarktbesitzer Pariser der weiblichen Sphäre zurechnen, sind die britischen Fernsehbosse anderer Ansicht. Dort sind nämlich seit kurzer Zeit Fernsehwerbungen für »Gegenstände der weiblichen Hygiene« erlaubt, nicht aber für Pariser. Eine andere Werbekampagne per Plakat bezeichnete die kleinen Durexe als »Männerkleidung für Frauen«.'

Und nun folgen sie, die Bezeichungen für das, was wir Deutschen so gerne Pariser nennen, und die englische Sprache hat viele Beispiele aufzuweisen (bzw. unser Gewährsmann war besonders fleißig und tat, laut eigener Aussage, nichts anderes, als jeden Eintretenden in sein Büro zu fragen: »I say, old chap, weißt du kein anderes Wort für Kondom?«)

Die verbreitetste Bezeichnung ist »French letter«, also »französischer Brief«. Der Ursprung zumindest des Briefteils ist nicht ganz klar; sie Sache mit dem »französisch« entspringt offenbar der bekannten Vorstellung, daß sich die Franzosen und Französinnen auf Liebesdinge ganz besonders gut verstehen. Wobei wir auch wieder bei unserem alten Pariser angelangt wären. In diesem Zusammenhang wollen wir auf das Kapitel Frankreich vorgreifen und erwähnen, daß dasselbe Dings dort als »capote anglaise«, also »englischer Mantel«, bekannt ist. Die Assoziation mit Brief kommt vielleicht daher, daß Pariser meistens in umschlagartige Verpackungen eingehüllt sind. Für diese Vermutung spricht auch die nächste Bezeichnung: Envelope: also Briefumschlag oder überhaupt Umschlag. Der bereits erwähnten French Connection wiederum entspringt wohl auch die Bezeichnung »Frog« (Frosch), denn das ist seit jeher der englische Spottname für die Franzosen. Davon abgeleitet gibt es die »Froschhaut« (frog-skin), ein wirklich schönes Pariserwort.

Eine internationale Bezeichnung ist »glove« (Handschuh), allerdings in den USA häufiger gebraucht. Und das verstehen wir sehr gut, denn wer das schöne Wort »Johnnie« (manchmal sogar »Rubber Johnnie«, also »Gummi-Johnnie«) benutzen kann, wird sich nicht mit einem schnöden Handschuh abgeben. Die Abkürzung Jo führt uns vom Johnnie zur Jo-Bag (bag = Tasche). Johnnie ist übrigens nicht nur Synonym für Pariser, sondern für Penis überhaupt, und wenn wir demnächst wieder hören, wie irgendein Norddeutscher ein großes Ding als »so'n Johnnie« bezeichnet, wird uns das schwer zu denken geben.

Ein geradezu entzückendes Wort ist »noddy cap«; eigentlich unübersetzbar, obwohl »cap« Mütze bedeutet. Noddy ist eine Gestalt aus Enid Blytons Kindergeschichten. Der kleine Noddy trägt einen Hut mit einem Glöcklein, und dieser Hut hat durch das Glöcklein große Ähnlichkeit mit einem Pariser mit Reservoir.

Des weiteren wurden uns klangvolle Wörter wie »plastic overcoat« (Plastikmantel), »Pacamac« (ein Plastikregenmantel, der in jede Tasche paßt, weil er sich so gut zusammenfalten läßt) und »phallic thimble« (phallischer Fingerhut) genannt. Und aus der rauhen Welt der Soldaten stammt offenbar die geheimnisvolle Bezeichnung »Port Said garters« (»Port Said Strumpfbänder« oder »Hosenbänder«), für das uns unser emsiger Gewährsmann leider keine Erklärung liefern konnte.

Eine US-amerikanische Bezeichnung ist »rubber«, also Gummi, und das kann, in England benutzt, zu schwierigen Verwicklungen führen. Wohlgemerkt, wenn die Bezeichnung benutzt wird, nicht das Ding an sich. Auf englisch bedeutet »rubber« nämlich »Radiergummi« (der wiederum heißt in den USA »eraser«). Der Engländer in den USA, der in den Schreibwarenladen geht und einen Rubber verlangt, wird genausowenig befriedigt werden können wie sein amerikanischer Kollege, der in einer englischen Drogerie desgleichen tut.

Vertrauenerweckende Bezeichnungen beiderseits des Atlantiks

sind »safe« und »safety«. Doch die Sicherheit garantiert auch ein »diving suit« (Taucheranzug), und Vertrauen erweckt der »dreadnought« (»Fürchtenichts«, bekannt durch das gleichnamige Schlachtschiff) sowie sein enger Namensverwandter, der »fearnought« (ebenfalls »Fürchtenichts«). Schließlich gibt es noch das »spitfire« (eigentlich »Hitzkopf«, wörtlich übersetzt aber etwa »Feuerspucker«) — ein irreführender Name, denn es ist doch die vornehmste Aufgabe des Parisers, das Feuerspucken zu verhindern. Das Feuerspucken verhindert auch eine »Rüstung« (»armour«), wie wir seit dem 10. Mai 1963 wissen, als der Lexikograph Boswell in voller Rüstung auf der London Bridge zu Gang war. Weniger vertrauenerweckend wirkt der amerikanische Trojaner (»trojan«), eigentlich eine Firmenbezeichnung wie Durex, aber sehr viel ungeschickter gewählt. Wer dächte hier nicht an das Trojanische Pferd, das — einmal geöffnet — Trojas Untergang ausspuckte wie ein echter Feuerspucker, und somit ist »trojan« wie bereits »spitfire« als mißratener Parisername einzustufen. In diesem Zusammenhang zu denken gibt uns, daß der Jüngling, der letztlich schuld war am trojanischen Krieg — Paris hieß.

Natürlich gibt es auch die üblichen medizinischen Termini, wie condom, preventative, prophylactic und protective. Nicht aber preservative, wie man analog zum deutschen »Präservativ« leicht denken könnte. Es gibt das Wort zwar, doch bezeichnet es keinen Pariser, sondern die für die Marmeladenproduktion unerläßliche Einmachhilfe.

Aus Australien ist noch, per Anzeige, das putzige Wort »lifesaver« zu uns gedrungen, also »Lebensretter«. Wobei die Werbung aber eher abschreckend wirkt, schließlich ist Australien ein überzeugtes Chauviland:

»Heute ist Australien eines der wenigen verbliebenen Reservate für ächte (stand da nicht, da stand »real«, aber »echt« sieht mit »ä« einfach echter aus als mit »e«, finden wir!) Männlichkeit, ein Land, wo die Männlichkeit unverfälscht ist und wo körperliche Stärke als Tugend gilt. Und der australische Lebensretter verkörpert wie kein anderer das Ideal rauher Männlichkeit . . . Australische Lebensretter sind die Antwort auf das Verlangen jeder amerikanischen Frau.«

Warum nur jeder amerikanischen Frau, fragen wir da, erhalten aber keine Antwort und wenden uns den wenigen noch unerwähnt gebliebenen anglophonen Pariserwörtern zu, als da wären die sehr allgemein gehaltenen Wörter wie »gear« (»Ausrüstung«) oder »thingy« (»Dings«), die nur aus dem Zusammenhang klarwerden. All diese Wörter, die schönen wie die fiesen, scheint aber nur der Herr zu

PREISVERZEICHNIS

Fromms Act

GUMMIWERKE G·M·B·H·

Werk I: Berlin-Köpenick
Werk II: Berlin-Friedrichshagen
Verwaltungsgebäude und Postanschrift:
FROMMS ACT · BERLIN-KÖPENICK
Fernruf: Köpenick F 4 Sammelnummer 2111

Präservative

P 34 g

Berlin-Köpenick, im Jahre 1934.

gebrauchen, die Dame übt damenhaft Zurückhaltung und sagt: »Haben Sie . . . na, Sie wissen schon . . .« Auf englisch: »Have you got . . . anything . . . you know . . .?«

Wo aber kauft mann oder frau all diese have you got . . . anything . . . you knows, spitfires oder trojans?

In der Apotheke, wobei viele Gentlemen erst einmal ängstlich durchs Fenster spinxen, um sicherzugehen, daß sie es mit keiner Apothekerin zu tun haben werden. Im Film »A kind of loving« kommt der Held mit einer Flasche Traubenzuckerlimonade aus der Apotheke, weil ihm die Apothekerin zu furchteinflößend erschien. Das aber ist, wie wir bereits gesehen haben, kein Problem, das sich auf den englischen Sprachraum beschränkt.

Oder beim Friseur. Auch heute noch. Es ist eine stehende Redewendung am Ende des Haarschnittes: »Will there be anything else, Sir?« (»Darf es sonst noch etwas sein?«). Das wird laut gefragt, schließlich ist mann unter sich und braucht vor den Damen nicht zu erröten. Unser Gewährsmann wollte sich nicht zu der Frage äußern, ob auch die Frage »The same procedure as last year« in solchen Fällen üblich ist. Schließlich sagte einmal ein Spötter, es wird wohl Herr Shaw gewesen sein: »Europäer haben ein Liebesleben. Die Engländer benutzen eine Wärmflasche.« Ob sie deshalb die Zeit haben, so unglaublich viele Pariserwörter zu ersinnen, sei dahingestellt. Wir wollen lieber darüber informieren, daß es auch in England Automaten gibt, bei denen dieselben Verhaltensregeln gelten wie bei Automaten in allen anderen Ländern. Es gibt zum Thema »Pariserautomat« in England sehr viele Witze über Iren. Von dieser Verunglimpfung lassen wir uns aber nicht täuschen, schließlich wissen wir, daß ein einziger Pariserautomat niemals imstande ist, den persönlichen Bedarf eines Iren zu decken. Deswegen erzählen wir auch keinen Pariser-Iren-Witz.

Und in den USA? Da kauft man seine Pariser natürlich im Drugstore, wo es bekanntlich alles gibt.

Wales: Alles andere muß nach der reichen Ausbeute, die wir in der englischen Sprache gemacht haben, fade und öde wirken, und das arme Wales ist deshalb schlecht plaziert dadurch, daß es direkt hinter England, USA und Australien kommt. Doch, wenn es auch nur wenige sind, die walisischen Beispiele haben's in sich. Trotzdem ist es unerklärlich, daß eine Sprache, die in anderen Bereichen, gerade in dem von Liebe und Erotik, so reich und erfinderisch ist wie Walisisch, in bezug auf Pariser ein so begrenztes Vokabular aufweisen soll. Aber wir haben keine Wahl, wir müssen unseren Gewährsleuten trauen.

Einige der walisischen Bezeichnungen sind vom Englischen übernommen: Durex, Johnnie, Frenchy. Langweilig. Aber wie wär's denn hiermit: »Sâch dyrnu« (»Dreschsack«).

Und dann gibt es noch das aus dem Englischen übernommene, aber eingewalisischte »gêr«, vermutlich vom englischen »Gear« (»Ausrüstung«) und ganz wunderbare offizielle Wörter, die uns nun endlich zeigen, daß wir es mit Walisisch und mit keiner anderen Sprache zu tun haben, nämlich: »maneg atal cenhedlu« und »maneg wrthgenhedlu«, und beides bedeutet Empfängnisverhütungshandschuh. Hier ist es wieder, das Wort Handschuh, mit dem wir bereits bei den englischen Beispielen zu tun hatten, und das uns bei unserer kondomologischen Reise immer wieder beschäftigen wird.

Verkauft werden diese Empfängnisverhütungshandschuhe vom Apotheker (cemegwr), vom Friseur (eilliwr) oder vom Automaten (peiriant slot).

Irland: Gemeint sind hier die irischsprachigen Gebiete in der Republik Irland (Gaeltachta), sofern dort überhaupt Pariser zu haben sind. Die problematische Pariserlage in der Republik Irland ist ja bereits mehrfach angesprochen worden. Sicher gibt es auch nach der Freigabe der Pariser (und anderer Verhütungsmittel) noch genügend Pariserfeinde: darauf deutet schon die knappe Mehrheit von 83 zu 80 Stimmen an, mit der der irische Pariserbann aufgehoben wurde. Es ist nicht bekannt, ob sich irgendwer nun bemüßigt fühlt, auch wirklich Pariser rauszurücken, Freigabe hin oder her. Das herauszufinden, ist den Reisenden überlassen. Wir gehen davon aus, daß es Pariser gibt, und liefern nur die Bezeichnungen. (In den englischsprachigen Gebieten ist übrigens die Lage nicht anders; dort aber können sich die Reisenden mit dem englischen Vokabularium behelfen.)

Da wären zuerst die offiziellen:

»Frithghiniúint« und »frithghiniúnach«. Beide sind aber sehr allgemein, denn ersteres bedeutet überhaupt jede Art von Empfängnisverhütung, letzteres jegliches Verhütungsmittel. Aber sicher führt uns dieses Wissen schon ziemlich weit; im Zweifelsfall kann ja der Apotheker sein ganzes Verhütungsarsenal auf den Tisch legen, und der Kunde wählt das passende (in Irland ist es wirklich ratsam, daß ein Mann kauft. Frau läuft Gefahr, wegen ihres Lebenswandels angepöbelt oder zwecks Bekehrung in eine Kneipe entführt zu werden. Gar zu viele Iren werden sich bemüßigt fühlen, der unvorsichtigen Reisenden zu beweisen, daß doch ein pint o'Harp sehr viel amüsanter ist als jeder andere Zeitvertreib, und es geht noch dazu ohne Pariser.) Im allgemeinen gilt: man spricht nicht drüber (zumal einige leitende Herrn der IRA sich sehr negativ zu der Frage geäußert haben, ob Verhütungsmittel in der Republik erlaubt werden sollen). Trotzdem hört die aufmerksam Reisende doch einige Wörter, die es sich zu notieren lohnt. Da ist einmal »craiceann« (»Haut«). Auf nicht unbeträchtliche Verbreitung von Parisern im irischen Volksmund weist der Ausdruck »bualadh craiceann« (wörtlich: »die Haut schlagen«, bedeutet: »vögeln«) hin. Analog dazu gibt es das Synonym »leathair« (»Leder«) und »bualadh an leathair«. Und dann gibt es noch das niedliche »pilibín«, das aber nur selten zu hören ist. Pilibín bedeutet ursprünglich »Anhängsel«, ist gleichzeitig ein Umgangswort für »Penis« und eben auch für Pariser.

Craiceann, leathair und pilibín kauft der Reisende, wie auch in Wales und England, beim Apotheker (ceimicî) oder beim Friseur (gruagadóir), während es Pariserautomaten nicht gibt.

Solange das Freigabegesetz vom April 85 noch nicht Allgemeinbesitz geworden ist, sind die Reisenden gut beraten, wenn sie vor ihrer Gaeltachtfahrt sonntags in Dublin den Flohmarkt aufsuchen und sich dort, beim Bürgerinitiativenstand, verproviantieren.

Jugoslawien: Aber dort, wo serbokroatisch gesprochen wird. Dort nämlich, und nur dort, heißen Pariser »persativ«. Die Herleitung des Wortes ist klar, und es ist anzunehmen, daß es sich um das offizielle, nicht um das umgangssprachliche Wort handelt, also um Präservativ, nicht um Pariser. Ein anderes Wort konnte unsere Gewährsfrau uns aber nicht liefern. Immerhin werden in Jugoslawien die persative nicht in Apotheken und Drogerien verkauft, auch nicht auf Flohmärkten, sondern am Zeitungskiosk. Wie praktisch! Des Morgens, zusammen mit frischen Brötchen und der Morgenzeitung, holt der kluge Hausvater das tägliche persativ. Angeblich aber ist es in Jugoslawien nicht üblich, Hunde zum Pariserholen zu dressieren. Warum eigentlich nicht? Zeitungen holen können sie ja. Vielleicht befürchten die Jugoslawischen Hundehalter, die scharfen Zähne ihrer vierbeinigen Lieblinge könnten die dünnwandigen persative verletzen.

Sowjetunion: Aber nur dort, wo russisch gesprochen wird, und selbst dort tappen wir im dunkeln. Die russische Seele ist schwer zu ergründen, das wußte schon Tolstoi, und der russische Pariser erst! Deshalb können wir nichts anderes verraten, als daß unser kleiner Freund auf russisch »gandón« heißt. Ob es aber an das ersehnte Ziel bringt, über den Roten Platz zu laufen und laut zu rufen: »Gandón«, wagen wir nicht zu entscheiden. Was wohl dieses geheimnisvolle Wort in unserer schnöden Sprache bedeutet, dem noch das Aroma von Wodka und Balalaika anzuhängen scheint? Wer mag es raten?

Was kann gandón schon bedeuten? Handschuh natürlich.

Türkei: Wo in der Türkei werden wohl Pariser verkauft? Im Basar? Ach nein, viel prosaischer. Auch unter dem Halbmond gibt es Apotheken und Friseure, und der Reisende (auch hier sei es *dem* Reisenden empfohlen, *der* Reisenden den Pariserkauf abzunehmen) erhält das Gewünschte, weiß er nur das Losungswort. Das aber lautet: kaput.

Das klingt nicht sehr vertrauenerweckend, das geben wir zu. Aber so heißen die Pariser nun einmal in der Sprache Nazim Hikmets. Das Wort stammt aus dem Französischen und bedeutet »Motorhaube« oder »Militärmantel«.

Frankreich: Das bedeutet, überall dort, wo nicht zufällig bretonisch, katalanisch, baskisch, korsisch, elsässisch, flämisch oder eine andere Minderheitensprache gesprochen wird. Auf französisch, wie wir ja nun schon wissen, heißt der Pariser nicht etwa »le parisien«, sondern »capote anglaise«, also »Englischer Soldatenmantel« oder auch »Autoverdeck«. Interessant ist sicher, wie sich Engländer und Franzosen immer wieder gegenseitig die Erfindungen in die Schuhe schieben, seien es die positiven, wie die Pariser, oder die negativen, wie die Syphilis, die auf französisch »englische«, auf englisch aber »französische« Krankheit heißt. Diese Benennungen geben vielleicht einen Hinweis auf die Parisernamen. Schließlich waren Pariser ja zuerst als Infektionsschutz in Gebrauch, und das läßt es erklärlich scheinen, daß sie auch nach diesen Krankheiten genannt wurden. Gegen die englische Krankheit hilft der englische Mantel, gegen die französische der französische Brief.

Verkauft werden englische Mäntel in der Apotheke (pharmacie) oder im Supermarkt (wechselnde klangvolle Bezeichnungen) und liegen neben Pflastern, Niveacreme und Watte.

Spanien: Auch dort gibt es Pariser in Apotheken (farmacîa). Sie heißen »perservativo« oder »goma hygienica«, also »hygienisches Gummi«. Auf unsere Frage nach Slangwörtern behauptete unser Gewährsmann, es gäbe keine. Das hat uns natürlich sehr enttäuscht, aber er ließ sich nicht erweichen und rückte kein einziges Slangwort heraus, nicht einmal das allerkleinste.

Immerhin erzählte er, daß Pariser in Spanien nie verboten waren, nicht einmal in der allerschlimmsten Francozeit. Das Wort Kondom wird in Spanien nicht benutzt, jedenfalls nicht im kastilianischen Sprachraum. Leider haben wir über Baskisch und Katalanisch keine Nachrichten. Dabei wäre »condom» ein so schönes, spanisch klingendes Wort. Wir hätten dann »condom«, als Verkürzung von »con condom« (mit Pariser). Das Gegenteil wäre »sindom« (ohne Pariser). Wie leicht ließen sich peinliche Fragen damit angenehm verkürzen:

Señor (wird romantisch, drängend, amor usw.).

Señora: »Condom?«

Señor: »Sindom!«

Señora: »Cabrón!« (ein Schimpfwort, das wir leider nicht in deutscher Übersetzung bringen dürfen). Links ab. Nix amor.

Aber weil's halt nicht sein kann, gehen wir gleich zum nächsten Land.

Portugal: Auch in Portugal verkaufen die Apotheker die Pariser und taten es auch schon vor der Revolution. Irland fällt damit als einzigem Land in Europa das traurige Verdienst zu, seit seinem Bestehen konsequent die Pariser verfolgt zu haben (doch selbst dort ist man ja inzwischen einsichtig geworden und beginnt, den Schaden wiedergutzumachen). Auch in Portugal ist das Wort Kondom nicht gebräuchlich. Die portugiesische Entsprechung wäre »condom« (oder »semdom«), und Senhor und Senhora werden, wie ihre spanischen Brüder und Schwestern, um eine kurze, lehrreiche Konversation betrogen. Offizielle Bezeichnung in Portugal ist »preservativo para homens«, also »Präservativ für Männer«. Damit wird nicht nur der Pariserträger genannt, sondern auch der Pariserkäufer, denn Pariserkauf ist auch in Portugal eine männliche Domäne. Darüber hinaus sind aber Portugiesen und Portugiesinnen die einzigen, die dem Pariser einen so schönen Namen geben, wie er verdient hat, nämlich »camisa de venus«, also Venushemd. Dieser Name zergeht doch wirklich auf der Zunge, und während wir uns daran ergötzen, wollen wir noch kundtun, daß auch die Abkürzung camisa (Hemd) gebräuchlich ist. Aber die gibt's bitte ja sogar in Deutschland . . .

Italien: Unsere italienische Gewährsfrau nennt zunächst einige offizielle Bezeichnungen. Da gibt es das vornehme »contraccettivo«, aber das bedeutet jedes Verhütungsmittel. Dann gibt es »preservativo«, was wohl nicht übersetzt zu werden braucht. Preservativo ist das normale Wort, was Reisende auch getrost benutzen dürfen, wenn sie beim Dogen von Venedig zum Tee eingeladen sind. Niemand wird erröten, mit den Füßen scharren oder sie gar hinauswer-

QUESTA SETTIMANA IN ESCLUSIVA SU:
canale 5
ITALIA 1
RETEQUATTRO
FAR BENE L'AMORE FA BENE ALL'AMORE.
UN FILM PER TUTTI
CON PROTAGONISTI
D'ECCEZIONE:
personal anatomico
personal ritardante
personal naturale
personal tripla azione
personal stimolante
UN GRANDE
FILM D'AMORE
UNA PRODUZIONE personal HATU'
MOLTO PIÙ CHE ANTICONCEZIONALI
NEW INFORMATION

fen lassen. Im Wörterbuch steht schließlich noch das Wort, das wir im Spanischen und Portugiesischen so schmerzlich vermißt haben: »cóndom«. Doch in unsere Freude mischt sich gleich ein Wermutstropfen. Unsere Gewährsfrau beteuert, dieses Wort nie in freier Wildbahn gehört zu haben, meint jedoch, sich erinnern zu können, daß irgend jemand irgendwann einmal das Wort »condóma« verwendet hätte.

Das Slangwort für Pariser aber ist — wie könnte es anders sein? — das Wort »guanto«, und es bedeutet natürlich »Handschuh«.

Guanti kauft mann (ja, wieder mal mann) in Italien in der Apotheke, wie in so vielen anderen Ländern. Sexshops, so beteuert unsere Gewährsfrau, gibt es in Italien nicht, nur in Mailand soll, sehr versteckt liegend, einer aufgemacht haben. Automaten offenbar auch nicht, sicher ist es dafür zu warm, also bleibt die Apotheke.

Kuba: Seit der Revolution sind auf Kuba alle Verhütungsmittel frei erhältlich. Pariser (die kubanischen Bezeichnungen entsprechen den spanischen) gibt es in jeder Apotheke, sie werden aber bisher noch wenig verwendet. Schuld daran ist »der leidige Machismo« (Stoßseufzer einer Kubanerin), der aber nicht allein Pariser, sondern alle Verhütungsmittel ablehnt, weil nach seiner Vorstellung ein ächter Mann eben viele Kinder zeugen muß. Eine Pionierin der Kondombewegung auf Kuba berichtet, daß ihr erster Artikel zu dem Thema einen Skandal hervorgerufen habe. Das Wort »Kondom« (und hier finden wir doch endlich unser schmerzlich vermißtes »condom«!) allein wirkte schon wie ein rotes Tuch auf die empfindsamen Nerven der Kubaner, und daß eine Frau über dieses anstößige Thema schrieb, machte die Sache vollends unerträglich. Sie ließ jedoch nicht locker und verteilte zu Weihnachten Pariser, schön in Geschenkpapier eingewickelt, unter jungen Ärzten. Einer war zuerst beleidigt, dann kam er auf den Geschmack und schickte einen Pariser mit einer Grußbotschaft beschriftet zurück. Die anderen behielt er. Störrischen Parisermuffeln wurden sie als Aphrodisiakum angepriesen, und das half. Auch die Tatsache, daß viele Kubaner unter Gonorrhöe leiden, hilft, ihre Vorurteile gegen Pariser abzubauen (wie sich doch alles wiederholt auf dieser Welt!). Ein weiteres Problem war und ist die schlechte Kondomversorgung überhaupt. Bis vor kurzem wurden die auf Kuba erhältlichen Pariser nämlich aus China importiert, sie »zersetzen sich nach einiger Zeit, sie haben keine Gleitschicht und sind viel zu kurz. Es ist sicher eine Qual, so etwas zu benutzen. Und sicher sind sie auch nicht, weil sie oft schon porös geworden sind nach der langen Lagerung. Wir benutzen die Kondome hauptsächlich als Luftballons bei Kinderfesten.«

Glücklicherweise werden inzwischen aus anderen Ländern Pariser importiert und erfreuen sich bei den Kubaner/innen wachsender Beliebtheit. Kubareisende brauchen also keine 40 000 Pariser mitzunehmen, sie können ihren persönlichen Bedarf in einer dortigen Apotheke decken.

Norwegen: Das norwegische Wort »lynavleder« (»Blitzableiter«) ist uns schon begegnet, es ist aber nicht das übliche Wort. Die offizielle Bezeichnung ist »kondom«, nicht mehr »kordon«, wie Hans Jäger vor hundert Jahren noch sagte. Doch das laut Konversationslexikon falsche Wort »cordon« ist nicht ersatzlos gestrichen worden. Statt dessen lebt es unter leicht durchschaubarer Verkleidung weiter in der norwegischen Sprache und nennt sich nun »kardong«. Kardong wird abgekürzt zu »dong«, und damit haben wir das übliche Umgangssprachenwort, das unserem »Pariser« entspricht.

Donger gibt es in Apotheken und Drogerien zu kaufen: Oft sind sie ausgestellt und können im Selbstbedienungsverfahren erstanden werden. Ist keine Apotheke in der Nähe, helfen Friseure und Automaten aus der Not. Die Automaten sind übrigens gern an Bahnhöfen und neben öffentlichen Toiletten angebracht, nicht aber in Gaststätten oder an unschuldigen Hausecken, wie hierzulande.

Im Jahre 1984 beklagte allerdings die norwegische Verbraucherberatung, daß trotz guten Versorgungsnetzes im Lande die Parisersituation Anlaß zur Sorge gäbe. Viele Pariser würden nämlich lange über das Verfallsdatum hinaus verkauft. In den Fernsehnachrichten hieß es daraufhin zur Beruhigung der Verbraucher/innen, um die Lage zu verbessern, sollten von nun an regelmäßig Stichproben gemacht werden.

Ob das die Sache nicht eher verschlimmert?

Schweden: In Schweden gelten dieselben Regeln wie in Norwegen, sprachlich und einkaufsmäßig. Besonders hervorgehoben werden muß aber (wie ja auch bereits geschehen) die Tatsache, daß es in Schweden Übergrößen für die besonders Großen gibt. Sicher wären auch Untergrößen für die besonders Kleinen wichtig und könnten viele durch abrutschende Pariser zustande kommende Unfälle verhindern, aber die heutigen Männer würden sie wohl ebensowenig kaufen wollen wie ihre Großväter die Eichelpariser. Ach, der leidige Machismo!

Auf ihre Übergrößen sind Königin Silvias Untertanen aber wirklich stolz. Wo immer sie zu verkaufen sind, wird mit besonderen »P-Möglichkeiten« geworben. P steht dabei für »Preservativ« (die Bezeichnung Pariser hat auch Silvia in Schweden noch nicht einführen können). Jedes Kaff und jeder Hotelfriseur werben mit großen »P-möjligheter«. Schwedentouristen zerbrechen sich oft den Kopf über die geheimnisvollen P-Möglichkeiten, die in jedem Prospekt angeboten werden. Wer aber Schwedisch versteht, nutzt gern die Möglichkeit, um für die Lieben daheim ein paar besonders große Mitbringsel einzukaufen.

Niederlande: Auch im Lande von Mevrouw Kannitverstaan werden Pariser in Apotheken und Supermärkten feilgeboten. Ach, es ist langweilig, und wäre nicht Jugoslawien, wir müßten schier verzweifeln! Und sie heißen? Na, wie schon? Nicht Handschuh, aber immerhin doch »kondoom«, gerne liebevoll »het kondoomtje« genannt. Dann gibt es noch das süße Wort »kapotje«, was nichts anderes bedeutet als »Pariser« (also nicht Soldatenmantel oder ähnliches), ein wahrhaft völkerverbindendes Wort, Franzosen, Türken und Niederländer reichen sich über einem kapotje die Hand. Apropos Hand. An dieser Stelle soll nicht unerwähnt bleiben, daß ein niederländisches Konversationslexikon die Pariser — nein, nicht als Handschuhe, aber immerhin als »Fingerlinge aus Gummi« bezeichnet. Und stünde nicht auch da, an welchem Körperteil man diesen Fingerling aus Gummi trägt, wir müßten ernste Zweifel am Pariserverhalten unserer Nachbarn bekommen!

Island: Dort gibt es zunächst das Wort »verjur« (»Schutz«), was die offizielle Bezeichnung ist und unserem »Kondom« entspricht. Ebenso salonfähig ist smokkar (eigentlich »Ärmelschoner«). Wer sich in Island befindet und bei Halldor Laxness zum Kaffee eingeladen wird, darf diese Wörter in den Mund nehmen, ohne rot anzulaufen, böse Blicke zu ernten oder hinausgeworfen zu werden. Mehr Vorsicht ist geboten bei den folgenden Wörtern: »stígvel« (eigentlich »Stiefel«) und »klofbússur« (eigentlich »Schrittstiefel«, ein seltsames Wortgebilde!). Sie entsprechen wohl eher unseren Parisern oder Nahkampfsocken. Verkauft werden Ärmelschoner und Schrittstiefel in Apotheken (lifjabúd) und auf Herrenklos. Letzteres natürlich per Automat (sjálfssali), nicht durch lebendige Pariserhöker.

Beim Kauf in der Apotheke sagt mann oder frau: »ég aetla ad fá verjur.« (Ich hätte gerne Kondome.) Die Apothekerin (meistens ist es eine Apothekerin) fragt daraufhin, welche Sorte. Bekommt sie keine Antwort, zieht sie eine Schublade auf und zeigt das Angebot des Hauses. Die Kundin zeigt daraufhin (zumeist mit den Händen) auf die bevorzugte Sorte.

Im 2. Weltkrieg aber waren Pariser in Island Mangelware, außerdem waren sie viel dicker als die heute üblichen, und so kam es oft vor, daß man sie mehrmals verwandte, nachdem man sie gewaschen hatte, natürlich. Eines Sonntags hing in einem kleinen Fischerdorf in Südisland ein Pariser auf der Wäscheleine. Das sieht der Nachbar Magnús. Er hat auch Lust auf ein Schäferstündchen, hat aber keinen Pariser, deswegen geht er zum Nachbarn und klopft an die Tür. Der Nachbar öffnet, und Magnús bittet, den Pariser ein Weilchen ausleihen zu dürfen. Doch der Nachbar schüttelt betrübt den Kopf und sagt: »Tut mir leid, Magnús, ich kann dir den Pariser nicht leihen. Er gehört gar nicht mir, sondern dem Männergesangverein.«

An dieser Stelle sei darauf hingewiesen, daß Sprachführer, Wörterbücher und Grundwortschätze so gut wie nie die entsprechenden

Wörter für Pariser aufweisen. Warum nicht? Das wissen die Götter bzw. die Wörterbuchmacher, die es aber nicht verraten. Vor einigen Jahren untersuchte die britische Zeitschrift »SpareRib« vierzig Sprachführer, ob sie die fremdsprachigen Bezeichnungen für so wichtige Artikel wie Tampons oder Pariser enthielten — und das Resultat? Fehlanzeige. Weder Tampons noch Pariser konnten die Reisenden mit diesen Sprachführern erwerben. Dafür hatten aber 38 die Wörter für Trapez! Es scheint nicht so (wir haben allerdings nur Stichproben —!— gemacht), als ob sich die Lage seitdem gebessert hätte.

Aufmerksamen Lesern/innen wird aufgefallen sein, daß wir die Schweiz nicht erwähnt haben. Doch daß Pariser dort »Verhüterli« heißen, weiß ja jedes Kind. Oder etwa nicht?

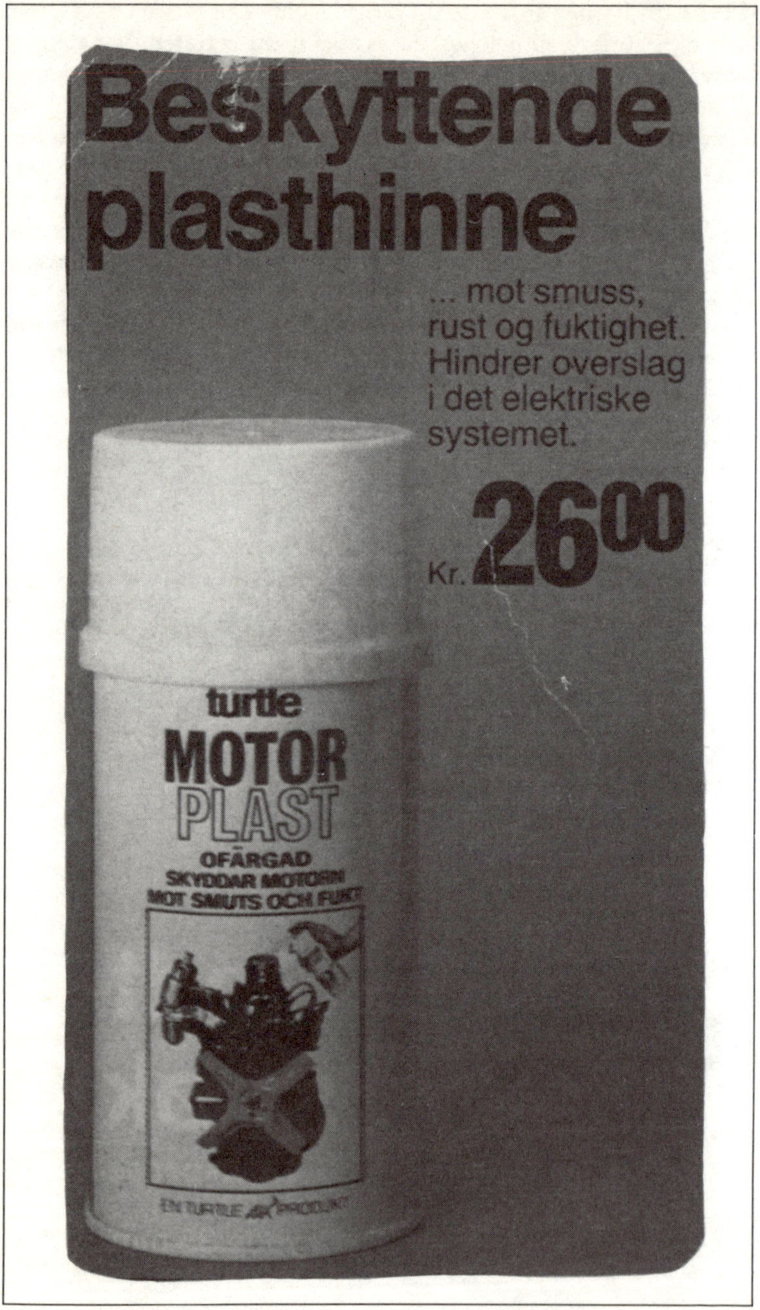
Beskyttende plasthinne
... mot smuss, rust og fuktighet. Hindrer overslag i det elektriske systemet.
Kr. 26,00
turtle
MOTOR
PLAST
OFÄRGAD
SKYDDAR MOTORN
MOT SMUTS OCH

5. Kapitel

Pariser-Kuriositäten

Das kondomologische Kuriositätenkabinett

Haben wir eingangs die gebräuchlichsten Pariser vorgestellt, so wollen wir nun eher ungebräuchliche, unbekannte und verkannte Pariservarianten präsentieren. Mit unserer kleinen Auswahl ist das Thema aber noch lange nicht erschöpft. Wenn nach vollendeter Lektüre die Leserinnen und Leser ihre nunmehr geschärften Blicke ringsum schweifen lassen, werden auch sie erkennen, daß wir in einer Parisergesellschaft leben, in einer Gesellschaft, die — ohne es zu wissen — den Pariser fast überall symbolisch in den Mittelpunkt gestellt hat.

Der letzte Schrei an der Pariserfront

Eine revolutionäre Neuerung wurde in Schweden (wo ja der Anteil der Pariserbenutzer/innen bei 30% liegt) entwickelt und im Sommer '84 erstmals in einer norwegischen Illustrierten an die Öffentlichkeit gebracht. Ein buntes Bild zeigte eine Spraydose, die eigentlich aussah wie alle Spraydosen, und die folgende Aufschrift trug:

»Beschützende Plastikhaut, gegen Schmutz, Rost und Feuchtigkeit. Verhindert Detonationsübertragungen im elektrischen System!«

Wie gut, wer will schon Detonationsübertragungen in seinem elektrischen System? Das neue Wundermittel wird an allen Tankstellen verkauft. Die beschützende Plastikhaut wird direkt auf den Penis gesprüht, wodurch die gefürchteten Detonationsübertragungen im elektrischen System verhindert werden. Dieses Wissen muß für jeden Mann eine wohltuende Erleichterung sein. Des weiteren verhindert dieser neue Parisertyp Schmutz, Rost und Feuchtigkeit, also genau das, was man mit Hilfe von Parisern zu verhindern wünscht. Die motorisierte Sprache der Anzeige spricht vor allem junge, aufstrebende Karrieremänner an. Wir vermuten, daß die praktische Sprayflasche bald in jedem Diplomatenkoffer zu finden sein wird.

Der Kondomanzug

Ungelogen: So nennt man in Skandinavien die enganzitzenden Plastikanzüge, die Skispringer und andere Sportler/innen tragen. Aber nicht nur zum Skispringen läßt sich dieser praktische Anzug verwenden. Er ist die ideale Bekleidung für alle Menschen, die vollständigen Schutz wünschen: sei es nun, um die Empfängnisgefahr zu minimalisieren oder um jeglicher Herpesinfektion auszuweichen.

Kondomanzüge werden aus Nylon- oder Crêpe-ähnlichen Stoffen hergestellt und sorgen dafür, daß fast alles an seinem angestammten Platz bleibt. Kondomanzüge werden mit oder ohne Kopfbekleidung geliefert. Die Modelle mit Kapuze wurden bisher von Supermännern (die gerne zusätzlich noch ihre Unterhose über dem Kondomanzug tragen) und Skiläufern vorgezogen. Die wagemutigeren Skispringer ziehen die kapuzenlose Ausfertigung vor. Statt dessen setzen sie gerne einen Helm auf.

Wir wissen nicht, ob jede Zunft ihren eigenen Pariser hat. Bei den Bäckern ist es jedenfalls so. Wie dieser Pariser jedoch aussieht und welche Qualitäten er hat, wissen wir nicht. Dennoch stoßen wir immer wieder auf Anzeigen, die den Bäckerpariser anpreisen und ihn offenbar auch Nichtbäcker/innen ans Herz legen wollen. Die hier abgebildete Reklame fanden wir auf einem Brot, das in einem ganz normalen Supermarkt in Südnorwegen verkauft wurde. Wir sind der Ansicht, daß die Bäcker sich endlich dazu äußern sollten, was diesen Pariser bei ihren Kollegen so populär gemacht hat. Gerade, wenn es sich um Pariser handelt, erreicht man nichts mit Heimlichtuerei. Immerhin aber verrät die Reklame, woraus der Bäckerpariser besteht. Vielleicht liefert das einen Anhaltspunkt?

BAKERS PARISER

Ingredienser:
Hvetemel, litt rugmel, fett,
gjær og salt.
Vekt: 520 g.
Næringsinnhold: 100 g Loff
gir ca. 265 kcal og inneholder ca.:
8 g protein.
2,5 g fett.
53 g karbohydrat.

frøysa
KONDITORI BAKERI
Ryggev. 361 - 1580 Rygge

Rygge tlf. 60 174 - Filialer: Kongensgt. 13 tlf. 54 745 - Helgerødgt. 7 tlf. 55 716

Rechnung [illegible]
30 Bäckerpariser

Dato: 17/10-83

Kvittering

		30 Pariser à kr. 10,60	318	--
		Bet.		
		Mr		

Der Soßenpariser

»Ich geh zu den Franzosen,
die haben beß're Soßen . . .«
sang einst Heinrich Heine. Obwohl ja wir Deutschen auch interessante Soßen haben, die Frankfurter Grüne Soße z. B., das Lieblingsgericht Goethes . . . Doch weder französische noch deutsche Soßen können sich mit den chinesischen messen, die die einzigen Parisersoßen oder Soßenpariser, je nachdem, entwickelt haben, über die wir bei unseren Forschungen je gestolpert sind. Eine einzige Flasche Sojasoße enthält: Wasser, Proteinextrakte aus Sojabohnen, Maissirup, Karamelfarbe und: 202 Präservative.

Wobei natürlich die Frage auftaucht, ob sich das überhaupt lohnt. Wäre es nicht einfacher, billiger und sinnvoller, die 202 Pariser uneingesoßt zu verkonsumieren? Zufällig vorbeigehende chinesische Musikanten mögen ihre Konversation kurz unterbrechen und uns aufklären!

Der Sauerkrautpariser

So deutsch sich das auch anhören mag: Sauerkrautpariser . . . Diese kleine Köstlichkeit ist keine deutsche bzw. elsässische, sondern eine norwegische Erfindung. Es gibt das begehrte Parisersauerkraut in zwei Ausführungen: süß und sauer. Es wird in Packungen zu je 450 Gramm (wenn ein Pariser 5 Gramm wiegt, dann enthält eine Packung Parisersauerkraut 90 Pariser) in Supermärkten verkauft. Besonders haltbar sind die Sauerkrautpariser, weil sie in Alufolie eingeschweißt sind.

Stabburet
Parisersurkål
SØT TYPE
450g
NORMAL
PAKKE
PAKKET I
ALUMINIUMSPOSE
FOR BEDRE
HOLDBAR-
HET

Das Pariserrad

Skandinaviens größtes Pariserrad steht in Oslo, wie uns ein Flugblatt verheißt. Ein kleiner Verwandter des Riesenpariserrades ist ein Mobile aus Parisern, das ein Absolvent der Bundeswehrhochschule in Hamburg gebastelt haben will. Doch ehe wir dazu kamen, das kleine Wunderwerk der militärischen Kunst zu bewundern (und vor allem zu fotografieren), ging es in Stücke. So die offizielle Version. Die inoffizielle besagt, daß ein eiliger General in einer NATO-Notlage das Kernstück entwendet und dadurch das ganze Mobile zum Einsturz gebracht habe.

Der Pariseralbtraum

Den Albtraum träumte im Jahre 1979 eine reichlich faschistoide elsässische Separatistengruppe. Geschieht ihnen recht, müssen wir sagen. Sie wollten ein unabhängiges Elsaß, weg von Frankreich, aber nicht hin zu Deutschland, wo ihrer Meinung nach Kommunisten und Freimaurer das Sagen haben. In Frankreich dagegen sind es Juden und Freimaurer, keine Frage, es muß ein unabhängiges Elsaß her. Und zwar bald, denn sonst würde es der kostbaren Elsässer Lebensart übel ergehen. Und so gaben die Herren Separatisten ein Flugblatt heraus, das die drohende Zukunft schwarz aufs Papier malte und forderte:

»Das Elsaß für sein eigenes Land, und keine Pariserkolonie!«

Pariserkunst

Erotik und Askese sind die durchgängigen Themen in Renate Bertlmanns künstlerischer Arbeit. Die Wienerin mit internationalem Ruf arbeitet seit Jahren mit Parisern. Was sie mit den formfreudigen Gummis alles anstellt, ist erstaunlich und kann nun in einem sehr schönen Werkkatalog bewundert werden: »Discorso ›Erotic und Askese‹, 1984«.

Der grammatische Pariser

Ja, vor diesem Wunderwerk aus Thurneysens altirischer Grammatik stehen wir sprachlos.

co n-accae		intí do-eim[1]
(so that) he saw.		he who prot
me	condom accae	do-dot-eim
thee	condot accae	do-dot-eim
him	con(d)id n-accae	do-dn-eim
her	conda accae	do-da-eim
it	con(d)id accae	do-d-eim
us	condon accae	do-don-eim
you	condob accae	do-dob-eim
them	conda accae	do-da-eim
	in tan ro-n-ánaic,	intí nád chúala
	when he reached.	he who has not heard
me	ro-n-dom-ánaic[2]	náchim chúala
thee	ro-n-dot-ánaic	náchit chúalae
him	ro-n-dn-ánaic	nách cúalae
her	ron-da-ánaic	nácha cúalae
it	ro-n-d-ánaic	náchid chúalae
us	ro-n-don-ánaic	náchin cúalae
you	ro-n-dob-ánaic	náchib cúalae
them	ro-n-da-ánaic	nácha cúalae

1 or sg. i do-m-eim
2 do-t-eim; pl.
1 do-n-eim
2 do-t (Class A)
1 or sg. i ro-m-ánaic
2 ro-t-ánaic; pl. ro-n-ı-ro-b-ánaic (Class A).

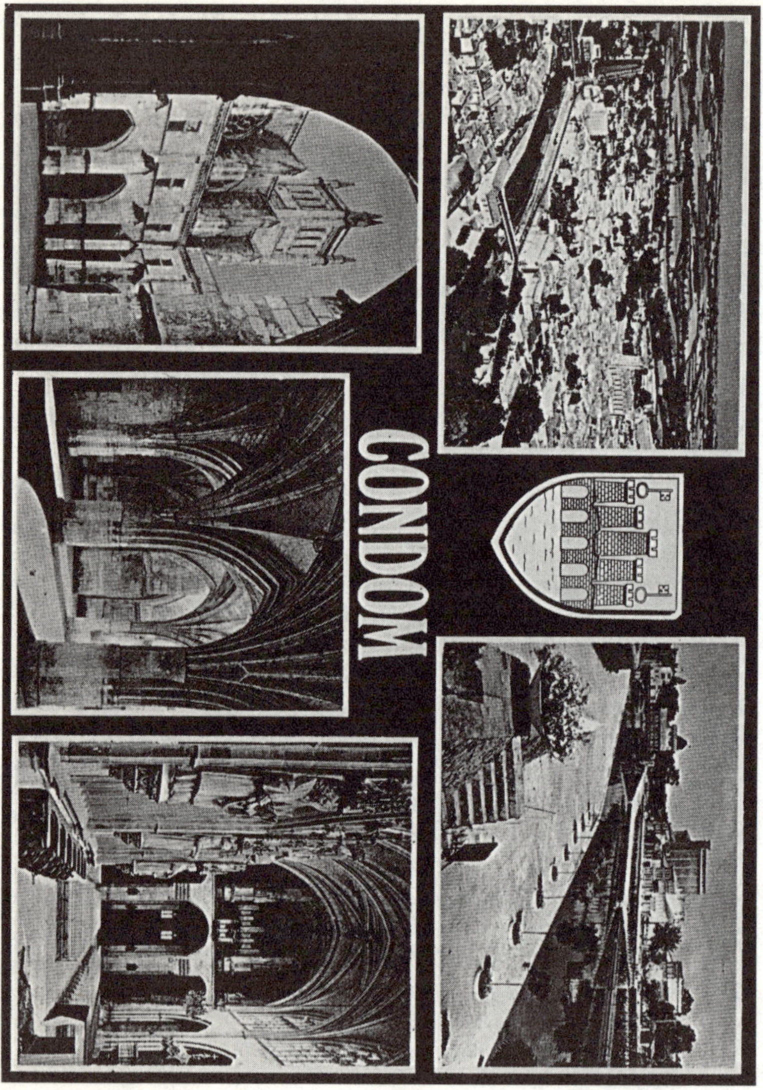
CONDOM

Die Stadt Condom

Und wo wir schon bei Frankreich sind, so sei nun auch unserer Heimatstadt gedacht: der Stadt Condom, deren Bürgermeister ganz besonders schönes Briefpapier hat!

Département du Gers

Arrondissement
de Condom

Mairie de
Condom
32100

Tél. (62) 28.24.88

/PS

Condom, le 9 JUIN 1985.

LE MAIRE DE CONDOM

Condom liegt im Département Gers, am Fluß Baïse. Die zwei Punkte auf dem i sind wichtig, sonst würde es anders ausgesprochen und hätte eine sehr unanständige Bedeutung, die hervorragend zum Namen Condom passen würde. Doch die 3600 Einwohner haben nichts dergleichen im Sinn, schließlich war ihre Stadt einst Bischofsstadt (von 1317 bis 1790) und verfügt heute noch über eine gotische Kathedrale, erbaut von 1506—21. In Condom gibt es ein kleines Museum, eine höhere Schule, und man treibt lebhaften Handel mit dem am Ort gebrannten Armagnac, sofern man ihn nicht selber trinkt.

Das Condominium oder auch Kondominat

Condominium ist ein juristischer Fachausdruck, der das gemeinsame Eigentum mehrerer bezeichnet. Condominien waren bis ins 19. Jahrhundert hinein recht häufig anzutreffen. So gehörte z. B. Lippstadt bis 1850 Preußen und Lippe gemeinsam. Ein Condominium bestand auch 1889—98 zwischen Deutschland, Großbritannien und den USA an den Samoainseln. Auch nach Ende des 19. Jahrhunderts sind verschiedentliche Condominien belegt: Wenn z. B. alle Mitglieder eines Männergesangvereins gemeinsam einen Pariser besitzen, so liegt einwandfrei der Tatbestand des Condominiums vor.

Pariserblau

Pariserblau gilt als ganz besonders hübsche Farbe. Beim Pariserblau handelt es sich um ein blaues Pigment, das aus Eisen(III)-Hexazyanolferrat (III) besteht. Ob es Pariser in dieser schönen Farbe gibt, wissen wir nicht. Es wäre vielleicht eine Herausforderung an die zeitgenössischen Pariserhersteller, von Schwarz auf Grün zu dem unschuldigeren, jungfräulicheren Pariserblau überzugehen. Pariserblau darf nicht mit Berlinerblau verwechselt werden. Letzteres ist eine sehr prosaische Farbe, die entsteht, wenn man eine Lösung aus drittrangigem Eisensalz mit einer Lösung aus Kaliumhexazyanolferrat (II) vermischt (auch »gelbes Blutlaugensalz« genannt). Diese Farbe heißt auch »Preußischblau«, und das bringt nun wirklich keine erotischen Assoziationen! Pariserblau wird für Tapeten und Farbbänder für Schreibmaschinen verwendet.

Pariser Platz

Der Pariser Platz ist ein schmucker Platz und liegt in Berlin in der Nähe des Brandenburger Tores. In früheren Zeiten wurde auf dem Pariser Platz ein besonders lebhafter Pariserhandel betrieben. Mann betrachtete zuerst das stolze Brandenburger Tor, das an männliche Soldatenkraft und männlichen Eroberungsdrang gemahnte. Danach kaufte mann einen Pariser — gerne mit Seidenfutter in Preußischblau (in nationalistischen Zeiten). Danach führte mann seine

Dame in Richtung »Unter den Linden«, was ganz in der Nähe liegt, wo sich unter den Linden ganz ungeahnte Möglichkeiten boten, um die Pariser vom Pariser Platz zu verwenden.

Der Pariserfrieden

Ein berühmtes Abkommen, das am 30. Mai 1814 nach dem Fall Napoleons zwischen den alliierten Großmächten und Frankreich getroffen wurde. Der Pariserfrieden sicherte Frankreich die Grenzen von 1792 zu. Wie viele Pariser welcher Qualität die Alliierten dafür verlangten, daß sie Frankreich nicht noch mehr reduzierten, ist ungewiß.

Die Parisererklärung

Diese Erklärung setzt die Richtlinien für Seerecht und Pariserverbrauch im Kriege fest. U. a. wird festgesetzt, daß eine Pariserblockade gegen ein Land, mit dem man sich im Krieg befindet, effektiv sein muß, um bindend zu sein. Man muß eine Flotte erhalten können, die die Ankunft von Parisern an der feindlichen Küste verhindern kann. Bei einer effektiven Blockade wird sich der Feind alsbald durch sich ausbreitende Geschlechtskrankheiten reduziert haben, wodurch seine Schlagkraft gemindert wird. In der modernen Kriegsführung ist das eine bekannte Strategie.

Seitdem die norwegische Regierung die Parisererklärung unterschrieben hat, hat der Begriff »Schmuggelware« im küstenreichen Norwegen völlig neue Bedeutungen gewonnen.

Goffredo Parise

Goffredo Parise (das -r ist durch einen Schreibfehler eines betrunkenen Standesbeamten weggefallen) ist ein italienischer Schriftsteller (geboren 1929). Sein großer Roman »La grande vacanza« (1953) behandelt die Wichtigkeit von ausreichenden Pariservorräten bei langen Urlaubsreisen, vor allem bei solchen, die Monate dauern. Nur wenige erkannten die Bedeutung dieses Werkes, das deshalb keinen großen Leserkreis gewinnen konnte. Einige Literaturwissenschaftler bezeichneten Parise als Surrealisten und hielten seinen Romanstoff für verfremdet.

Ein Pariser ist eine Messe wert

(»Un pariesien vaut bien une messe«), sagte der französische König Heinrich IV., als er in einem Moment der Notdurft im Austausch für einen Pariser zum Katholizismus überging.

Der Parisersalon

(»Le salon des parisiens«) oder einfach »Der Salon«, in Insiderkreisen, ist der Name einer jährlichen Pariserausstellung in Paris. Zwischen 1699 und 1848 wurde die Ausstellung im noblen Salon Carré im Louvre abgehalten (daher der Name). Welches Ansehen diese Ausstellung bei den Franzosen genoß, und wie sehr sie den künstlerischen Aspekt der ausgestellten Pariser zu würdigen wußten, zeigt sich daran, daß sie zunächst inmitten der größten Kunstwerke aller Zeiten abgehalten wurde. Heute findet die Ausstellung jedoch in weniger prunkvollen Räumlichkeiten statt. Jedes Jahr aber zeigen Designer hier ihre neuesten Entwürfe von Gegenwarts- und Zukunftsparisern, und die Ausstellung wird von Produzenten und Pariserliebhabern aus der ganzen Welt besucht.

Die Pariserkonvention

Die Pariserkonvention wurde am 20. März 1883 unterzeichnet. Sie ist eine Absprache über Patent- und Musterrechte, über Firmen- und Warenkennzeichenrecht auf dem Parisermarkt. Achtundachtzig Länder sind der Konvention beigetreten. Im Prinzip besagt die Konvention, daß die Bürger eines Mitgliedslandes in bezug auf Pariser dieselben Patent- und Musterrechte haben sollen wie die eines anderen. Auf diese Weise hofft man, ein Chaos zu vermeiden, wie es auf dem Hüfthaltermarkt herrscht, wo ein bekannter norwegischer Erfinder sich mit halb Amerika herumschlägt, damit sein Urheberrecht für elastische Hüfthalter anerkannt wird.

Napoleon — der Pariserconnoisseur mit den extravaganten Hermelinparisern

Obwohl er auf Korsika geboren ist, gilt Napoleon als einer der bekanntesten Pariser aller Zeiten. Die Geschichte erzählt, daß er ein eifriger Pariserkonsument war. Im Grunde zog er einfache Soldatenmäntel vor, ließ sich aber für Staatsbesuche einige Prunkpariser mit Hermelinfutter anfertigen. An seinem Krönungsmantel befindet sich eine Extratasche, in der er am großen Tag seine Pariser aufbewahrte. Napoleons Sarg steht bekanntlich im Invalidendom in Paris, und es wird behauptet, seine treuen Gefolgsleute hätten ihm seinen Krönungsmantel mit der Parisertasche und seine Lieblingspariser mit ins Grab gegeben.

Napoleons Krönungsbild zeigt die berühmte Parisertasche ganz deutlich. Es wurde 1806 von François Gerard gemalt und ist in den meisten Geschichtsbüchern abgebildet. Das Original hängt heute in der staatlichen Kunstsammlung in Dresden.

Ludwig Parisius

Ludwig Parisius war ein Volkskundler des 19. Jahrhunderts, der sich auf das Sammeln von Parisernamen in den verschiedenen deutschen Dialekten spezialisiert hatte. Leider kam nicht viel dabei heraus. Herr Professor Parisius hatte ein etwas chauvihaftes Gehabe, und das schreckte die Frauen ab, die er eigentlich über Pariser zu befragen trachtete. Warum er keine Männer befragt hat, ist nicht genau bekannt. Es gibt Hinweise darauf, daß er Frauen für die einzig fähigen Gewährspersonen hielt, Bauersfrauen, wohlgemerkt:

»Der Bauer hört bald auf, Bauer zu sein, und die lebendigen Dialektsammlungen, die lebenskundigen Bauernweiber — durch deren Vermittlung allein möglich war, daß sich viele Ausdrücke fast drei Jahrhunderte lang erhalten konnten, diese Lieblinge aller Pariserforscher sind fast ganz ausgestorben.« Und auch die nicht Ausgestorbenen weigerten sich, dem hochfahrenden Professor willfährig zu sein, was Parisius zu dem Stoßseufzer veranlaßte:

»Komisch, die Frauen scheinen sich jetzt zu genieren, mir ihre Pariserwörter zu sagen — ich schickte zu einer dreimal; sie hatte allerdings bis dahin viel Arbeit, aber am Regentag hätte sie kommen können. Das Mädchen meinte, sie genierte sich, und sagte, sie könne wohl singen, aber nicht sagen.«

Die Stadt Paris

Paris, die Hauptstadt Frankreichs, liegt unter 2° 20′ östlicher Länge und mit 45° 50′ nördlicher Breite auf der Höhe von Stuttgart. Paris bedeckt eine Fläche von 105,15 km^2; die Stadtgrenze ist etwa 36 km lang. Der westöstliche Durchmesser beträgt 12 km, der nordsüdliche knapp 10 km. An beiden Seiten der Seine steigt die Stadt an Hügelketten empor. Die Höhe der Stadt über dem Meeresspiegel schwankt zwischen etwa 30 m und 130 m (auf dem Gipfel des Montmartre).

Paris ist mit knapp 2,6 Millionen Einwohnern die neunzehntgrößte Stadt der Welt und die siebtgrößte Stadt Europas. Sie weist eine Bevölkerungsdichte bis zu 3300 Personen pro Quadratkilometer auf und ist damit die am dichtesten bevölkerte Großstadt Europas.

Aber warum heißt Paris Paris? Als Asterixleser/innen wissen wir alle, daß Paris zur Römerzeit Lutetia hieß. Doch das ist nur die halbe Wahrheit. Der volle Name der Stadt an der Seine lautete Lutetia Parisorum, nach den damaligen Bewohnern der Gegend, einem gallischen Volksstamm, die sich selber »Pariser« nannten, woraus die Römer »parisii« machten. Noch streiten die Keltologen, ob die Pariser nach ihren Parisern hießen oder umgekehrt. Fest steht, daß schon die gallischen Pariser sich nur selten ohne Pariser (mit kunstvollen p-keltischen Oghaminschriften verziert, die leider noch nicht entziffert sind) in der Öffentlichkeit sehen ließen.

Die größte Sehenswürdigkeit der Stadt Paris ist natürlich der berühmte Eiffelturm, der ja selber schon eine Art Pariserform hat. Er wurde zur Weltausstellung 1889 unter der Leitung des Ingenieurs A. G. Eiffel erbaut. Der Eiffelturm ist 300 Meter hoch und war bis 1930 das höchste Bauwerk der Welt. Auch die Pariserfabrikanten nahmen die Weltausstellung zum Anlaß, ihre Produkte einem immer größer werdenden Publikum vorzuführen. Am Eröffnungstag ließen sie den Eiffelturm in einen extra dafür angefertigten Riesenpariser hüllen (s. Titelbild). Es ist wohl unnötig, darauf hinzuweisen, daß dieser charmante Einfall den Unwillen der damals noch sehr starken Antipariserfront erregte und noch am selbigen Tag wieder entfernt werden mußte. Denjenigen, die den verhüllten Eiffelturm noch erblicken durften, schien dies der stärkste Eindruck zu sein, den die ganze große Weltausstellung ihnen vermitteln konnte.

Das Pariserwappen

Das Pariserwappen ist gleichzeitig das Stadtwappen von Paris. Es stellt eine Karavelle mit silbernen Segeln dar und geht auf das Siegel der einflußreichsten mittelalterlichen Kaufmannsgilde, der Marchands d'Eau (»Kaufleute zu Wasser«, also Binnenschiffer) zurück. Dieses Lastschiff wird oft der Ile de la Cité, der Stadtinsel in der Seine, gleichgesetzt, auf der bis ins 10. Jahrhundert ganz Paris lag. Darauf bezieht sich auch der Wappenspruch: »Fluctuat nec mergitur« (»Es möge schwimmen und geht nicht unter«).

Und dieser Wappenspruch gilt, im wörtlichen wie im übertragenen Sinn, auch für die Pariser!

Liebe Leserinnen, liebe Leser,

wenn Sie nun das vorliegende Pariserbuch gelesen haben, fallen Ihnen sicher noch manche hübsche eigene Pariserelebnisse, mancher Witz, manche Anekdote zum ewig jungen Thema »Pariser« ein. Wir möchten Sie nun herzlich bitten, uns solche Pariserepisoden einzusenden. Sie werden in einem Folgeband, der den Titel »Das Pariserlesebuch« tragen soll, veröffentlicht. Alle Einsender/innen, deren Beiträge veröffentlicht werden, erhalten zum Dank ein Exemplar des Pariserlesebuches gratis und franko zugesandt.

Und, meine Herren, während Sie nun zur Feder greifen, um Ihre Lieblingsparisergeschichte zu Papier zu bringen, vergessen Sie eins nicht:

Mann geht nicht mehr ohne Pariser!

Aus Platzmangel ist es uns leider nicht möglich, alle Gewährspersonen, die am Zustandekommen dieses Buches beteiligt waren, hier zu erwähnen. Stellvertretend für sie alle möchten wir uns an dieser Stelle bei den eifrigsten und wichtigsten bedanken:
Frau Helga Stachow von der Universität Hamburg
und Herrn Bill McCann von der Universität Southampton.

Literatur

Ola Bauer: Rosapenna, Oslo, 1982
Richard Beitl: Wörterbuch der deutschen Volkskunde, Stuttgart, 1981
N. L. Bernheim/M. Cardot: Die Rächerinnen von Paris, München, 1979
Sieglinde Braeucker: Auf der Suche nach der »neuen Moral«, Hamburg, 1985
Caesar: De bello gallico, Rom, 57 v. Chr.
Lars Saabye Christensen: Blodets Band, Oslo, 1985
G. K. Döring: Ist das Kondom heute besser als sein Ruf? in: Fortschritte der Medizin, 4/1980
Marie von Ebner-Eschenbach: Gesammelte Werke, München. O. J.
Irene Engelstad: Sammenbrudd og gjennombrudd, Oslo, 1984
Lion Feuchtwanger: Exil, Frankfurt am Main, 1984
Ian Fleming: The spy who loved me, London, 1962
Frauen Europas, Brüssel, Nr. 39/1985
Carl v. Gelsen: Die Hygiene der Flitterwochen, Berlin, 1906
Gernhard/Bernstein/Waechter: Die Wahrheit über Arnold Hau, Frankfurt am Main, 1974
Johann Wolfgang von Goethe: Wahlverwandtschaften, Leipzig, o. J.
Jacob Grimm: Deutsche Mythologie, 3 Bände, Berlin, 1881
Espen Haavardsholm: Die Geschichte von Kalle und Reinert, Frankfurt am Main, 1984
Gisbert Haefs: Mörder und Marder, München, 1985
Bergljot Hobäk Haff: Gudsmoren, Oslo, 1977
Franz Hanelt: Das Kreuz der verheirateten Frau, Hamburg, 1930
Lillian Hellman: Julia, München, 1978
Ulrike Henschel, Faltgeschichten, Bonn, 1983
N. E. Himes: The medical history of contraception, New York, 1963
N. E. Himes/A. Stone: Praktische Methoden der Geburtenregelung, München, 1949
Freia Hoffmann: Die Frau, die wollt ins Wirtshaus gehn, Frankfurt am Main, 1981
K. O. K. Hoffmann: Sex ohne Hormone: in: Sexualmedizin, 13, 1984
Georg Holzwarth: Das Butterfaß, Berlin, 1984
Hans Jäger: Fra Kristiania Bohème, Kristiania, 1885
Gottfried Keller: Der grüne Heinrich, München, 1980

J. P. Kenyon: The Stuarts, London, 1958
Langenscheidts Taschenwörterbuch Latein/Deutsch, Berlin-München-Zürich, 1968
Joseph Lauff: Frau Aleit, Berlin, 1907
Lexika: DTV-Lexikon, 1966
Der große Brockhaus, 1923, 1956
Brockhaus: Enzyklopädie, 1972
Meyers Lexikon, 1925
Grote Winkler Prins, 1969
Liederjan: Der Mann mit dem Hut, LP, Hamburg, 1981
Mary Ann Lindo: De eerste keer, Utrecht, 1983
Merethe Lindström: Sexorcisten, Oslo, 1983
Mary McCarthy: The group, Harmondsworth, 1970
Bernd Meyenburg: Das Kondom, Frankfurt am Main 1975
Anja Meulenbelt: Für uns selbst, München, 1981
Jon Michelet: Panamaskipet, Oslo, 1984
Walter Moßmann: Neue Flugblattlieder, LP, München, 1977
Goffredo Parise: La grande vacanza, Roma 1953
John Peel/Malcolm Potts. Textbook of contraceptive practice, Cambridge, 1969
Arne Piewitz: Mömö im Lölliland, Hamburg, 1984
Vittore Pisani: Die Etymologie, München, 1975
Polyglott Reiseführer Paris, München, 1982
Sabine Richebächer: Uns fehlt nur eine Kleinigkeit, Frankfurt am Main, 1982
Jonny Rieger: Fahr zur Hölle, Jonny, Hamburg, 1984
Sheila Rowbotham: Hidden from History, London, 1979
Friedrich Schiller: Die Jungfrau von Orleans, Stuttgart, 1983
Mme de Sévigné: Lettres, 3 Bände, Paris, 1896—99
Günther Sier: Paris, Reinbek, 1983
Amalie Skram: Mellom slagene, Oslo, 1955
Christof Stählin: Mag denn keiner die Bundesrepublik, Tübingen, 1984
Heinrich Susemihl: Nordische Reisen, Hamburg, o. J.
Patrick Süskind: Das Parfum, München, 1985
Sigfrid Svensson: Einführung in die europäische Ethnologie, Meisenheim am Glan, 1973
Rudolf Thurneysen, A Grammar of Old Irish, Dublin, 1975
Titanic, April 1985, Frankfurt am Main

Inhalt